图说名人

《图说名人》编委会 编著

亚历山大
征服者

Yalishanda
Zhengfuzhe

南海出版公司

图书在版编目（CIP）数据

征服者——亚历山大 ／《图说名人》编委会编著．－－ 海口：南海出版公司，2015.9（2024.8重印）
ISBN 978-7-5442-7996-3

Ⅰ．①征… Ⅱ．①图… Ⅲ．①亚历山大大帝（前356～前323）－传记 Ⅳ．①K835.407=2

中国版本图书馆CIP数据核字（2015）第204929号

ZHENGFUZHE——YALISHANDA
征服者——亚历山大

编　　著	《图说名人》编委会
责任编辑	张蕾
出版发行	南海出版公司　电话：（0898）66568511（出版）
	（0898）65350227（发行）
社　　址	海南省海口市海秀中路51号星华大厦五楼　邮编：570206
电子信箱	nhpublishing@163.com
经　　销	新华书店
印　　刷	天津旭丰源印刷有限公司
开　　本	787毫米×1092毫米　1/16
印　　张	7
字　　数	80千
版　　次	2015年12月第1版　2024年8月第3次印刷
书　　号	ISBN 978-7-5442-7996-3
定　　价	36.00元

南海版图书　版权所有　盗版必究

前言
TUSHUOMINGREN

亚历山大（公元前356年—公元前323年），古代马其顿国王，世界古代史上著名的军事家和政治家，欧洲历史上最伟大的军事天才，亚历山大帝国最负盛名的缔造者。亚历山大被誉为西方四大军事伟人，与汉尼拔、凯撒、拿破仑齐名，而且亚历山大是其中最早的一位。

亚历山大足智多谋，雄才伟略，骁勇善战，在统治马其顿王国的短短十三年中，以其雄才大略，东征西伐，率领军队驰骋欧亚非大陆，建立起一个西起希腊，东到印度河流域，北抵中亚，南达埃及，地跨欧、亚、非三洲的庞大帝国。

公元前327年，亚历山大率军由里海以南地区继续东进，经安息（帕提亚）、阿里亚、德兰古亚那，北上翻越兴都库什山脉，到达巴克特里亚（大夏）和粟格狄亚那。公元前325年，他率军侵入印度，占领印度河流域，还企图征服恒河流域，但是经过多年远途苦战，将士们疲惫不堪。由于印度人民的顽强抵抗，加之疟疾的传染、毒蛇的伤害，将士们拒绝继续前进，要求回家。亚历山大不得不放弃东进计划，于公元前326年7月从印度撤兵。

公元前323年，亚历山大在巴比伦身亡，靠武力征服建立起来的庞大的亚历山大帝国也随之瓦解。

亚历山大东征历时十年，行程逾万里，消灭了波斯帝国。在东征过程中，他沿途修建了许多新城，有好几座是以他自己的名字命名的。最著名的是埃及北部沿海的亚历山大城，今天已经发展为埃及最大的海港。亚历山大后建都于巴比伦，部署入侵阿拉伯的计划，但没能完成。

亚历山大死后，帝国被他的四位将领瓜分，庞大的亚历山大帝国就此败落。

目录

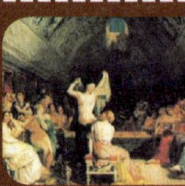

生于战乱之中

战乱的希腊世界 / 1

国王和王妃 / 5

接受良好的教育

崇拜英雄奥德修斯 / 9

受教于亚里士多德 / 15

开伊罗尼亚之战 / 27

令人愤怒的事件

母亲被休 / 31

菲利浦被刺 / 34

年轻的国王 / 37

平定巴尔干半岛 / 39

惨烈东征路

砍断神庙的结 / 51

波斯的反抗 / 58

伊索斯战役 / 61

拒绝与大流士和解 / 68

太尔城的攻防战 / 70

埃及的救世主 / 74

高加米拉决战 / 82

欢乐之都巴比伦 / 87

进军印度 / 91

壮志未酬 / 101

战乱的希腊世界

生于战乱之中

在叙述亚历山大的生平之前,先要回顾一下当时的历史背景。这得从他的父亲——菲利浦二世的马其顿王国开始讲起。在菲利浦二世的励精图治之下,马其顿王国的势力发展得相当快。亚历山大日后能够成就那么大的事业,与马其顿王国深厚的根基有着密不可分的关系。

当时的马其顿王国已经成为希腊世界最强盛的军事国家。菲利浦二世的第一个目标就是征服南部的希腊城邦,第二个目标是指向东方的波斯帝国。少年时代的亚历山大就被马其顿王国新兴的气势所感染,也正是在这种感染下,亚历山大在日后成就了更伟大的事业。

※ 马其顿王国士兵

图 说 名 人

名人名言

把财富分给别人,把希望留给自己。它将带给我无穷无尽的财富。
——亚历山大

亚历山大诞生于公元前356年。在他的少年时代，希腊世界已经呈现出分崩离析的态势。在上一个世纪，斯巴达和雅典之间的战争已经结束，斯巴达虽然赢得了胜利，可是元气尽失，欲振乏力，代之而起的几个短暂霸权也非常不稳定；而雅典却在波斯的支援下成了希腊世界中最强盛的一个霸权，不但接受波斯的金钱支援以及船只的供给，并且和波斯签订了军事同盟的协定。可是希腊诸邦都互相结为同盟，反抗雅典，在经历了两年的战争后，雅典终因孤立无援而宣告屈服，没有多久就衰落了。

这时的希腊世界不但是国与国相争，而且在国内也是内战频繁、政治纷乱、党派林立，社会经济和人民生活都大不如前。在政治上失势的人多半亡命异国，为了生活不得不充任异国的佣兵。佣兵的增加使内战的规模更为扩大，这可以说是一连串的恶性循环，使希腊世界愈加混乱。

这个时候的希腊有许多人站出来高呼"和平共存"的口号，强调自主独立、地位平等，但是这种和平的口号并不切实际。当时一流的政治家为了祖国的强盛都主张"霸权论"，希望能恢复雅典往日的强盛。他们希望雅典能重新成为希腊城邦的指导者，以维持当时希腊世界的安定与和平。在当时的希腊世界，菲利浦二世的马其顿王国只不过是一个非常落后的地区。

各邦为了解决内部的矛盾和混乱，在政治上经常使用的方法就是树立一个共同的敌人，使国内的内战和矛盾指向外敌。当时的希腊经济衰微，对物产丰富的波斯不免有觊觎之意。政客就以夸张的言词发表演说，企图煽动起人民对波斯的敌对意识，这就是流行一时的"东征论"。曾有政客鼓起如簧之舌，对民众演说道："你们应该不会忘记波斯战争的惨痛教训吧？那些东方的夷狄们，他们是怎样野蛮地对待我们希腊同胞的？波斯可以说是我们不共戴天的仇人，它使我们全体希腊人成为奴隶。攻打波斯实在是时代赋予我们的神圣使命！"

也许这是祭典演说的一部分，这种说辞非常具有煽动性和悲壮感。东征论的心理意识除了政治的目的外，还有着经济掠夺的野心，甚至还隐藏着民族的优越意识。

提倡东征论的伊索克拉德斯出身于富裕之家，专门制造乐器。当时的一些富商大贾最怕发生内乱，因为一旦发生内乱就容易丧失财产。"今天许多人认为我是有钱人，这是非常危险的事情。这种危

征服者——亚历山大

险比我做了任何坏事,还要危险好几倍。"伊索克拉德斯坦白地说出当时一些有钱人的隐忧。

许多无产者都变成无所事事的流浪汉,这些人就成为社会中非常危险的分子,造成社会的动荡不安。当时的有产阶级为了预防这批人因不满而发生暴乱,就必须设法把这些人隔离起来。他们一直在寻找一个解决的方法。伊索克拉德斯的政策就是把这批人转移到其他的地方去,既可消除社会上的不安,又能符合有产阶级的利益。

此前一百年,波斯人的入侵以及波斯对希腊人民的暴行,早已经时过境迁。但由于国内政治和经济的因素,便以此为借口准备发动报复战争。这个侵略计划因为已经失去了时效,不能以正面的理由去讨伐波斯,而希腊一般民众的反应也并不热烈。这不过是政治家的政治口号罢了。

伊索克拉德斯站在希腊人的立场上处处考虑到希腊人的利害。当时的马其顿王国逐渐强盛,伊索克拉德斯希望马其顿能够派兵攻打波斯。以菲利浦当时的实力而言,这并不是

※ 波斯士兵

不可能的事。但是伊索克拉德斯对问题的考虑似乎太过单纯了。他一心只寄望菲利浦能够出兵，可是没有想到打败波斯以后，希腊方面的权利和义务将是怎么样的一种新关系。

马其顿原来是希腊英雄培拉克烈斯之后，也算是希腊著名的家族，历代的功绩都非常卓越。这时的狄摩西尼就认为伊索克拉德斯的想法太过于幼稚，竟把菲利浦二世当作佣兵一样招之即来，挥之即去，而没有想到将来尾大不掉的后果。

菲利浦二世也并不是一个简单的人，他不但有军事方面的才能，而且也有政治上的才能。狄摩西尼早已洞察到马其顿的菲利浦二世才是将来希腊世界最大的敌人。后来的历史完全证明了他当初的真知灼见。

知识链接

亚历山大王国的兴起

亚历山大帝国，公元前336年至前323年。马其顿位于希腊北部。马其顿人不是纯粹的希腊人，但与希腊人有渊源关系。马其顿人在文明发展的道路上，比南部的希腊人大大迟了一步。公元前5世纪初，波斯侵略希腊，马其顿一度受波斯统治。进入公元前4世纪，马其顿一跃成为希腊北部的重要国家。马其顿国王们把希腊的先进文化引入了他们的宫廷，与希腊城邦进行贸易。经济的发展使马其顿的面貌发生了较大的变化，村庄变成城镇，佩拉成为马其顿最大的城市和王国首都。

马其顿的真正强大是在菲利浦二世之时。马其顿王国的菲利浦二世在位的时候，征服了整个希腊，其子亚历山大后来整合了希腊的力量开始东征，建立了历史上有名的亚历山大帝国。菲利浦二世最终征服希腊的时间是公元前338年，前337年成立"哥林多同盟"。亚历山大死后，帝国即告崩溃，大体分裂为三部分，其中欧洲部分即希腊本土地区，曾几易其主，最终为安提柯王朝所统治，公元前2世纪中叶为罗马帝国所灭。

辉煌时的亚历山大帝国版图包括今天的希腊、马其顿、保加利亚、阿尔巴尼亚、塞浦路斯、土耳其、黎巴嫩、叙利亚、以色列、巴勒斯坦、埃及、约旦、伊拉克、科威特、伊朗、巴基斯坦、阿富汗全境或大部分以及印度小部分。

国王和王妃

亚历山大出生于公元前356年。这个时候的马其顿王国在菲利浦二世统治之下，已有了长足的发展。北边希腊的许多城邦一个一个被马其顿占领，纳入马其顿王国势力范围之内。

对于菲利浦二世来说，武力解决并不是最理想的手段。如果能不费一兵一卒就能攻人之城才是上上之策。他往往利用情报工作或者收买对方的重要人物，或者利用对方的心理弱点，以达到政治和军事的目的。在外交方面，他的手法也是层出不穷，

※ 伊瑞克提翁神庙

纵横捭阖，且能呼风唤雨；运筹帷幄，而能决胜千里之外。

和雅典同盟的都市都遭受到马其顿军队的围攻，希望能获得雅典的援助。然而，雅典的国民会议，在策略上几乎总是棋差一着。这时狄摩西尼到处奔走疾呼，希望雅典的市民们不要只是关心自己的利益，而不顾希腊世界当前的危机。"如果一切的防御都假佣兵之手，那么雅典的状况就岌岌可危了！"狄摩西尼不停地对雅典的居民提出警告。

"希望有钱的出钱，有力的出力，绝对不能依靠佣兵。这是关乎我们生死存亡的战争，希望所有的国民都要勠力同心，为自由而战！"但是雅典的国民会议一连讨论了好几天，只是坐而论道，不能起而行之。在这些空泛的讨论中终于坐失了大好的战机。

"没有积极作战的勇气，只是在国民会议上长篇大论的议而不决，坐而论道，这样子只会落得成事不足败事有余！"狄摩西尼感到痛心疾首，殷殷告诫他的市民。至于实行军事独裁的菲利浦，他的行动力却非常迅速，往往剑及屦及，说到办到，从不放过任何最好的时机，这也是他能够迅速发展壮大的因素之一。

※ 亚历山大头像

和实行独裁政治的马其顿相较量，雅典就显得像一盘散沙似的。狄摩西尼看得特别清楚，因此他认为若要维护希腊的自由精神，雅典应当负起历史上神圣的使命。

菲利浦在一年之中，大半的时间都是在战场上度过的。按照希腊人的习俗，冬天是要停止战争的，让兵士们回到自己家中团聚，过家庭生活。可是菲利浦并不遵守这个习俗，他完全忽视了手下将士做丈夫、做父亲的责任，他一心一意要使马其顿成为一个国富兵强的国家。他把全部的精力都投注在政治和军事的活动中，并为自己订下了一个远大的目标，这一远大目标就是征服全希腊，进而征服波斯，他希望这一目标在有生之年能够彻底实现。

征服者——**亚历山大**

公元前356年,亚历山大的父亲菲利浦离开了家庭,并且占领了波蒂弟亚。菲利浦之所以会远离他的家庭,除了政治、军事方面令他无法分身之外,他的家庭生活跟他的个性格格不入也是一个重要的原因。他的王妃奥琳比亚丝本是伊比鲁斯的公主,菲利浦第一次看到奥琳比亚丝的时候,她正在岛上举行一种古老而秘密的宗教祭典。菲利浦也参加了这次祭典,他发现这个祭典比他以前所看到的任何祭典更加刺激和狂野。伊比鲁斯的宗教祭典非常原始且带有浓厚的地方色彩。参加这种祭典的人很容易进入一种亢奋状态,众人在神的面前狂宴乱舞,最后在半醉半醒的状态中"神灵附体"。年轻的菲利浦看到这场祭典,感到非常刺激,而且也十分欣赏奥琳比亚丝的野性美。这种祭典非常注重官能的快感,也许对年轻的菲利浦来说,具有十分强烈的魅力。

奥琳比亚丝这种富有激情的个性是不适合家庭生活的,这一点可以说是显而易见的。他俩结婚之后,奥琳比亚丝仍照着当地的习俗,在居住的地方养了许多大大小小的蛇。在伊比鲁斯的祭典中常常是头戴常春藤,抱着血淋淋的蛇疯狂地跳舞。她甚至还把这种野蛮的祭典带到了菲利浦的家中。有一天晚上,菲利浦看到他的妻子和一条蛇一起睡觉,他感到既恐怖又恶心,从此再也不愿意和奥琳比亚丝同床共寝。

※亚历山大帝国版图

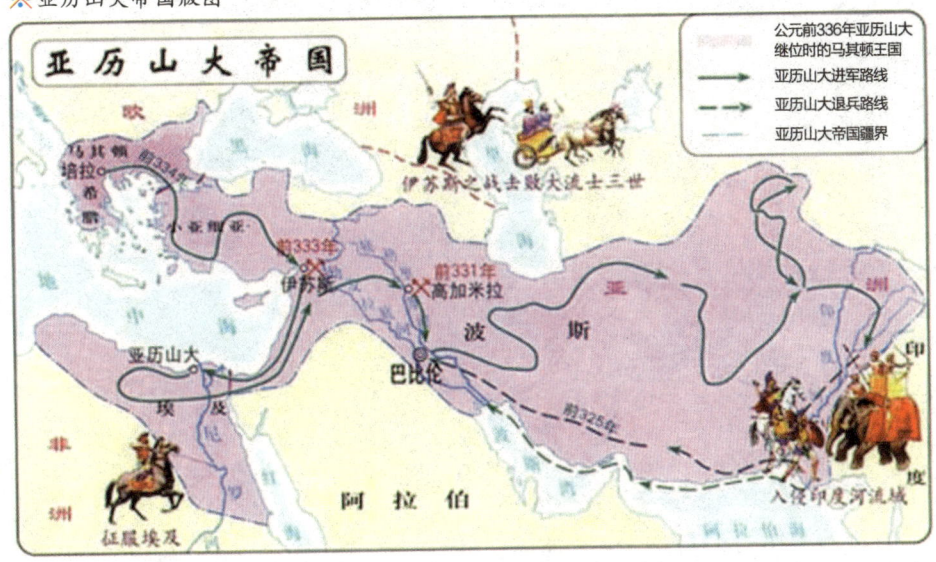

奥琳比亚丝具有非常偏激的性格，常常陷入幻想之中，她还把自己做的梦说给丈夫听，并认为那是神的暗示。菲利浦简直无法理解为什么这女人总是生活在自己的幻想里。他们两人之间的距离一天比一天大，菲利浦也愈来愈疏远他的妻子。

菲利浦后来又娶了三个女子，可是她们都没有生育。在她们之中，只有奥琳比亚丝是皇家出身，因此在公元前337年以前，奥琳比亚丝是菲利浦正妻的地位一直没有动摇，而亚历山大也一直被认为是菲利浦的嫡子。

菲利浦和奥琳比亚丝的婚姻看起来应该是因恋爱而结婚的。可是伊比鲁斯王国是一个非常好战的国家，菲利浦是不是在潜意识里也希望和这个好战的伊比鲁斯王国有更亲密的关系，而与其缔结为军事同盟呢？也许就是因为这一点，在菲利浦和奥琳比亚丝感情恶化的许多年之后，奥琳比亚丝的正妻地位依然没有动摇。因此，尽管菲利浦在军事与外交上是智勇兼备的人物，但他始终未与奥琳比亚丝为敌。

※ 亚历山大一直被认为是菲利浦的嫡子

崇拜英雄奥德修斯

亚历山大的童年时期和少年时期，是在双亲感情不和的氛围下度过的。失去爱情的奥琳比亚丝把她的全部感情都倾注在儿子的身上。对亚历山大而言，在他的性格形成之初，母亲给他的影响力实在是太大了。她再三教诲他说："你的体内有着十分尊贵的血统，你所做的任何事情必须要符合你的身份才行。你的祖先和其他的人不同，他们是继承了许多神祇的血统的，父系的远祖就是完成了十二项最

※古希腊英雄奥德修斯雕像

接受良好的教育

◇ 图 说 名 人 ◇

名人名言

山不走到我这里来，我就到它那里去。

——亚历山大

※《伊利亚特》是《荷马史诗》中直接描写特洛伊战争的神话故事

艰难的工作而成为神祇的英雄——贝拉克列斯。你的母系就是《伊利亚特》中享誉最高的英雄——奥德修斯的后裔。你的身上流淌着英雄的血液,将来你必须要轰轰烈烈地做出一番大事业来才对得起祖先。"自认为是古代希腊神祇后裔,对于当时的希腊世界而言是非常荒唐无稽的事,因为那时的希腊人已经接受哲学的训练,一切都讲究理性了。但文化落后、荒蛮未辟、位于希腊边境的伊比鲁斯却是在森林之中,大湖之畔,在神秘的自然中生活着,所以更容易把神话世界和现实世界混合。他们充满了想象力,也相信自己的民族是希腊众神的后裔。

奥琳比亚丝为儿子请了一位启蒙老师,名叫赖希马卡斯。这位老师的教学方法是让孩子对任何事情都充满想象力。他不叫亚历山大的名字而直接称呼亚历山大为奥德修斯,自己则自比为奥德修斯的老师斐尼克斯。

亚历山大自幼就从母亲那儿听到有关奥德修斯的故事,而现在奥德修斯变成他另外一个名字,古希腊英雄奥德修斯对他而言已不再缥缈和陌生,而是和现实混为一体了。

在他还年幼时,他曾暗暗发誓,将来一定要成为像奥德修斯那样伟大的英雄。后来,他的老师亚里士多德将荷马的史诗解释给他听,并赠送他《伊利亚特》的诗集。亚历山大即王位之后,每天晚上都把随身带着的《伊利亚特》和护身用的宝剑一起放在枕头下,他的英雄气质和浪漫思想深受这本诗集的影响。在亚历山大的心目中,古希腊的英雄奥德修斯是十分鲜明地活着的。从他日后的行动上,可以具体地看出他在思想上已与奥德修斯的精神合为一体了。

知识链接

《伊利亚特》

《伊利亚特》是《荷马史诗》中直接描写特洛伊战争的英雄史诗。《伊利亚特》叙述了古希腊特洛伊战争第十年(也是最后一年)中几个星期的活动,特别是"阿喀琉斯(古希腊传说中的勇士)的力量"。史诗以阿喀琉斯和阿伽门农的争吵开

征服者——亚历山大

知识链接

始,以赫克托耳的葬礼结束。故事的背景和最终的结局都没有直接叙述。

希腊联军主将阿喀琉斯因喜爱的一个女俘被统帅阿伽门农夺走,愤而退出战斗,特洛伊人乘机大破希腊联军。在危急关头,阿喀琉斯的好友帕特洛克罗斯穿上阿喀琉斯的盔甲上阵,被特洛伊大将赫克托耳杀死。阿喀琉斯悔恨至极,重上战场,杀死赫克托耳。特洛伊老王以重金赎还儿子尸体。史诗在赫克托耳的葬礼中结束。

《伊利亚特》的主题是赞美古代英雄的刚强威武、机智勇敢,讴歌他们在同异族战斗中所建立的丰功伟绩和英雄主义、集体主义精神。

《伊利亚特》塑造了一系列古代英雄形象。在他们身上,既集中了部落集体所要求的优良品德,又突出了个人的性格特征。阿喀琉斯英勇善战,每次上阵都使敌人望风披靡。他珍爱友谊,一听到好友阵亡的噩耗,悲痛欲绝,愤而奔向战场为好友复仇。他对老人也有同情之心,允诺白发苍苍的特洛伊老王归还赫克托耳尸体的请求。可是他又傲慢任性,为了一个女俘而和统帅闹翻,退出战斗,造成联军的惨败。他暴躁凶狠,为了泄愤,竟将赫克托耳的尸体拴上战车绕城三圈。与之相比,特洛伊统帅赫克托耳则是一个更加完美的古代英雄形象。他身先士卒,成熟持重,自觉担负起保卫家园和部落集体的重任。他追求荣誉,不畏强敌,在敌我力量悬殊的危急关头,仍然毫无惧色,出城迎敌,奋勇厮杀。他敬重父母,挚爱妻儿,决战前告别亲人的动人场面,充满了浓厚的人情味和感人的悲壮色彩。

《伊利亚特》结构严谨,布局精巧。它以"阿喀琉斯的愤怒"作为全书的主线,其他人物、事件都环绕这条主线展

※ 古希腊城邦以弗所的图书馆

知识链接

开，形成严谨的整体。史诗善于用动物的动作，或用自然景观、生活现象作比喻，构成富有情趣的"荷马式比喻"。例如书中写到阿喀琉斯退出战斗，赫克托耳打得希腊军队四处奔逃，史诗用了这样的比喻："好像一只野蛮的狮子攻进牛群，吃了一头而吓得其余的纷纷逃窜。"史诗节奏强烈，语调昂扬，既适于表现重大事件，又便于口头吟诵。《伊利亚特》高超的艺术手法常为后人所称道。

奥德修斯

古希腊神话传说中的人物。古罗马神话传说中称之为尤利塞斯或尤利克塞斯。奥德修斯是希腊西部伊塔卡岛之王，曾参加特洛伊战争。出征前，奥德修斯加入希腊使团，去见特洛伊国王普里阿摩斯，以求和平解决因帕里斯劫夺美女海伦而引起的争端，但未达到预期效果。希腊联军围攻特洛伊十年期间，奥德修斯英勇善战，足智多谋，屡建奇功。他献木马计里应外合攻破特洛伊。奥德修斯的事迹在《荷马史诗》中有详细描述。《荷马史诗》之后的传说对奥德修斯的经历又有补充，但多突出他性格的负面特点，把他描绘成一个虚伪、狡诈、胆小的人。

《荷马史诗》分为《伊利亚特》和《奥德赛》。电影《特洛伊》《木马屠城记》都改编自《伊利亚特》，只写到赫克托耳的死为止，可是据《奥德赛》和古代希腊的其他作品的描写，围绕特洛伊的战争还继续打了很久。后来阿喀琉斯被帕里斯用箭射死，阿凯亚人之中最勇猛的首领埃阿斯和最有智谋的首领奥德修斯争夺阿喀琉斯的盔甲，奥德修斯用巧计战胜了实力强于他的埃阿斯，使得后者气愤自杀。最后奥德修斯献计制造了一只大木马，内藏伏兵，特洛伊人把木马拖进城中，结果阿凯亚人里应外合，攻下了特洛伊城，结束了这场历经十年的战争。离开本国很久的阿凯亚首领们纷纷回国，奥德修斯也带着他的伙伴，乘船向他的故乡伊塔克出发。从这里就开始了以奥德修斯在海上的历险为中心的另一部史诗《奥德赛》的故事。

《奥德赛》讲述了希腊英雄奥德赛（奥德修斯）在特洛伊战争中取胜后及返航途中的历险故事。利用木马计攻陷特洛伊城后，奥德赛不顾海神波塞冬的咒语，起航回家，一路上历尽劫难，在海上又漂泊了十年。伊塔克的许多人都认为

知识链接

他十年不归,一定已经死去。当地的许多贵族都在追求他的妻子佩涅洛佩,佩涅洛佩百般设法拒绝他们,同时还在盼望奥德赛能生还。奥德赛在这十年间经历了许多艰难险阻:独目巨人吃掉了他的同伴,神女喀尔刻把他的同伴用巫术变成猪,又要把他留在海岛上;他又到了环绕大地的瀛海边缘,看到许多过去的鬼魂;又经海妖岛屿,躲过了女妖塞壬的迷惑人的歌声,逃过怪物卡律布狄斯和斯库拉,最后女神卡吕普索在留了奥德赛好几年之后,同意让他回去。他到了菲埃克斯人的国土,向国王阿尔基诺斯重述了过去九年间的海上历险,阿尔基诺斯派船送他回故乡。那些追求他的妻子的求婚人还占据着他的王宫,大吃大喝。奥德赛装作乞丐,进入王宫,设法同儿子一起杀死那一伙横暴的贵族,和妻子重新团聚。

特洛伊

特洛伊也称"伊利昂",古希腊殖民城市,公元前16世纪前后由古希腊人所建,位于小亚细亚半岛西端赫勒斯滂海峡(即达达尼尔海峡)东南,即今土耳其的希萨利克。公元前13世纪至前12世纪颇为繁荣。公元前12世纪初,迈锡尼联合希腊各城邦组成联军,渡海远征特洛伊,战争延续十年之久,史称"特洛伊战争",特洛伊也因此闻名。城市在战争中成为废墟。《荷马史诗》中的《伊利亚特》即叙述此次战争事迹。据传说,特洛伊城最后由希腊人用"木马计"攻破。19世纪经考古发掘,获得大批古物珍品。

特洛伊城遗址是土耳其古城,位于恰纳莱南部,北临达达尼尔海峡,坐落在平缓的城堡山脚下。这里山峦青翠,流水潺潺,柑橘树和橄榄树满山遍野,红瓦白墙的农舍点缀其间,是土耳其爱琴海地区典型的农村风光。

特洛伊城遗址的发掘,始于19世纪中期,延续到20世纪30年代。考古学家在深达三十米的地层中发现了分属九个时期、从公元前3000年至公元400年的特洛伊城遗迹,找到了公元400年罗马帝国时期的雅典娜神庙以及议事厅、市场和剧场的废墟等等。这些建筑虽已倒塌败落,但从残存的墙垣、石柱来看,气势相当雄伟。这里有公元前2600年至公元前2300年的城堡,直径达一百二十多米,城中有王宫及其他建筑。在一座王家宝库中,发现了许多金银珠宝及青铜器,陶器

知识链接

以红色和棕色为主。此外，还出土有石器、骨器、陶纺轮等。特洛伊城是一座被烧毁的城市的遗址，它的石垣达五米，内有大量造型朴素、绘有几何图形的彩陶和其他生活用具。

公元前9世纪，古希腊诗人荷马的史诗《伊利亚特》叙述的"特洛伊木马计"就发生在这里。特洛伊王子帕里斯来到希腊斯巴达王麦尼劳斯宫做客，受到了麦尼劳斯的盛情款待，但是，帕里斯拐走了麦尼劳斯的妻子海伦。麦尼劳斯和他的兄弟决定讨伐特洛伊。由于特洛伊城池牢固，易守难攻，攻战十年未能如愿。最后英雄奥德赛献计，让迈锡尼士兵烧毁营帐，登上战船离开，造成撤退回国的假象，并故意在城下留下一具巨大的木马。特洛伊人把木马当作战胜品拖进城内，当晚正当特洛伊人酣歌醉舞、欢庆胜利的时候，藏在木马中的迈锡尼士兵悄悄溜出，打开城门，放进早已埋伏在城外的希腊军队，结果一夜之间特洛伊城化为废墟。荷马史诗叙述的这段事迹，成为西方国家文学艺术中传诵不绝的名篇。

距特洛伊城遗址不远，有一座博物馆，是土耳其目前唯一收藏特洛伊文物的博物馆。博物馆规模不大，陈列的文物寥寥无几，这是因为曾发掘出的大量珍贵文物，已被西方文物盗窃者窃走，其中包括普里阿摩斯国王的宝库和海伦的项链。尽管如此，特洛伊遗址仍然不失为迷人的去处。现在特洛伊已成为土耳其的游览胜地之一，吸引着成千上万的各国游客前来参观。

※ 特洛伊古城遗址

征服者——亚历山大

受教于亚里士多德

亚历山大的父亲菲利浦二世，对孩子的关心并不在奥琳比亚丝之下，尤其对亚历山大的教育问题更有一套详细的计划。公元前343年，亚历山大已经十三岁了，菲利浦希望他能够离开家庭，远离经常争吵不休的父母。菲利浦认为奥琳比亚丝那种狂热、偏激的个性会带给亚历山大不良的影响。他不希望刚刚进入少年时期的孩子变得感情脆弱、多愁善感。此外，菲利浦认为亚历山大的年龄，正是应该接受教育的时候。作为王子的老师必须是一个学养丰富的大学者，这是一项先决条件。他还希望这位老师对马其顿的风土民情非常了解，同时还能热爱这个国家。要符合上述的两个条件，除了亚里士多德外，就没有第二人选。

这个时候，亚里士多德已经四十一岁了。亚里士多德的父亲是菲利浦的父王阿米欧塔斯的御医，亚里士多德在十七岁时就已崭露头角，显示出他杰出的才华，备受师友们赞赏。

在公元前347年，亚里士多德的老师柏拉图去世以后，他

※ 亚里士多德雕像

就离开了学校,自成一家。他独自在小亚细亚的岛上埋首研究自然科学。因为父亲是御医,因此他和比他小两岁的马其顿王子菲利浦成了儿时的好朋友。

在希腊当时的许多学者中,菲利浦独独选上了亚里士多德,除了过去的一段渊源外,似乎还隐藏了另一项更现实的政治目的。

亚历山大所居住的地方位于小亚细亚的西北岸,靠近特洛伊,这个小小的都市叫作阿索斯,它和附近的阿塔罗那乌斯都是受贝鲁美尼亚国王所支配。贝鲁美尼亚国王非常崇尚学术,礼贤下士,希望在哲学家的同心协力下,缔造一个理想的国家。亚里士多德和贝鲁美尼亚国王可以说是亦君亦臣、亦师亦友。亚里士多德娶贝鲁美尼亚的养女为妻子。亚历山大东征的时候,在他身边的一群学者原先都是在此地做研究的。当时的亚里士多德俨然成为一个新兴学术团体的领导者,他把原来在雅典的精英分子都吸收集合在这里,成为一个新兴的学术中心,有着后来居上

※特洛伊古城遗址

征服者——亚历山大

※ 博斯普鲁斯海峡

的蓬勃气势。

虽然阿塔罗那乌斯在学术上显得朝气蓬勃，但是强敌逼境，政治上的纠纷却层出不穷。菲利浦的大军已经兵临黑海沿岸，为了经济目的，菲利浦希望能够占领谷仓地区，并对雅典实行海峡封锁。菲利浦的计划并不是纸上谈兵，而是有着积极的行动表现。他估计雅典迟早会屈服，对雅典投降后所要进行的工作，他已有了详细的计划，成竹在胸。

这时候，雅典的政论家伊索克拉德斯曾经向菲利浦写了一封公开信（公元前346年），这封信是站在希腊人的立场，尤其是站在雅典的立场，在认清本身利害关系的情况下写出来的。信里所提出的要求和菲利浦内心的打算正好不谋而合。希腊人希望能够借刀杀人而不费自己的一兵一卒。菲利浦就非常冷静地利用这个机会把他的计划一步接着一步地付诸实施。

菲利浦对希腊世界的政策就是恩威并用。对某些国家只要杀鸡儆猴，让别的国家心怀畏惧就行了，至于大部分的希腊国家，他更愿意采取怀柔政策。这种双管齐下的政策使他的行动更具有弹性，因此他认为伊索克拉德斯的意见有利用的价值。

总之，他的大军如果能深入博斯普鲁斯海峡，那么小亚细亚就近在咫尺了，能够占领这个地点，将来很多困难也就迎刃而解了！而贝鲁美亚尼国王正控制着这块颇有军事价值的土地。

在公元前343年，菲利浦与波斯国王亚尔特萨尔萨斯三世缔结了和平友好条约，这也是他远交近攻的政策体现。马其顿与波斯言明互不干涉，为了防止希腊和波斯联手对付马其顿，菲利浦事先已和波斯取得默契，如此侵略希腊就不受波斯的牵制了。这也是菲利浦防患于未然的一种策略。

菲利浦一边和波斯签订友好条约，另一方面却秘密地和贝鲁美尼亚签订了军事同盟的密约。他这秘密协定很快就被波斯获悉，由于波斯西部的属州相继叛离中央政府，

※贝鲁美尼亚被钉在十字架上

因此波斯对菲利浦和贝鲁美尼亚签订军事密约的事非常敏感，也非常紧张。没有多久，波斯就把贝鲁美尼亚予以逮捕，并且判了死刑。当时和波斯政府一直保持着秘密联系，而居中奔走的狄摩西尼曾得意洋洋地夸下海口："我能洞察菲利浦的各种阴谋，只要有我在，大王就可以宽心了。"照这种情形看来，成立反马其顿联合战线似乎是指日可待了。

但是波斯方面对贝鲁美尼亚不管是如何地拷打逼问，他始终拒绝吐露密约的内容。他临死前曾经留下遗言说："请告诉我的朋友们我是爱好哲学的人。人自有风骨，威武不能屈。我绝对不会在他们的淫威之下吐露出任何一个字的。"

亚里士多德受到马其顿国王菲利浦二世的聘请，束装前往马其顿的王都佩拉。这时的亚里士多德不可能对秘密协定完全一无所知，他很可能是在贝鲁美尼亚的谅解之下带着政治的使命而赴任的。亚历山大和亚里士多德的相遇似乎是命运的安排，但是隐藏在这个后面的可以说是一连串的阴谋。亚里士多德和他的外甥卡利斯特尼斯听到了从遥远的波斯首都传来的消息——贝鲁美尼亚不屈于淫威，被波斯人钉在十字架上处死。贝鲁美尼亚坚强不屈，终于以死捍卫荣誉，带给亚里士多德和卡利斯特尼斯很大的震撼。贝鲁美尼亚志行高洁，维持了一个哲学家国王的最高尊严，亚里士多德特别撰写诗文以为其哀悼。

这时候，亚历山大已经不适合在佩拉读书求学了。在宫廷之中，处处隐藏着政治的阴谋和诱惑的种子，此外他的母亲给他的影响也太过强烈。

在佩拉西南的山中，有一个非常宁静的山林水泽女神的神殿，附近丘陵起伏，牛羊遍野，果实累累，玫瑰花开得满山满谷。自古以来，这一带就赢得了"梅萨王的花园"的美誉。

征服者——亚历山大

亚历山大就在这片宁静的地方跟随亚里士多德学习。经过了三年的岁月，在他的同学之中，很多人都成了他日后的好友，其中包括荷费帝欧，成为埃及国王的托勒密，大将巴门尼欧的儿子费罗塔斯和执马其顿大政之牛耳的大臣安提帕特罗斯的儿子卡桑得洛斯。他们徜徉在大自然中，一边漫步，一边接受名师的指教。亚里士多德采取学院式的科目来教育学生。

但这些年轻的学子对几何学和形而上学往往感到十分乏味。

最能吸引这些少年们的就是亚里士多德热衷研究的植物学和动物学了。到了后来，亚历山大对医术和畜牧方面仍有着很大的兴趣，也许是从这个时候发轫的。他不但深

※ 梅萨王的花园

谙医学上的理论，并且具有实际的经验。在以后的东征期间，他曾亲自为生病的朋友开处方，并且写下了各项应当注意的调养事项和饮食问题。

事过多年后，亚里士多德曾经提到当时的教学情形。他认为，这批初长成的孩子们对风云诡谲的政治学无法产生很大的兴趣，也许是由于他们缺乏实际经验和对政治缺乏更深一层的体认。

后来，亚里士多德应亚历山大的要求，写下了《王权论》和《殖民论》的政治著作，可是他的这些政治学说似乎没有给亚历山大带来直接的影响。一位专门研究世界古代史的历史学家曾经下过这样的结论：亚里士多德在政治哲学上并没有给亚历山大带来很大的影响。对亚历山大而言，父亲菲利浦给了他生命，而亚里士多德却教他过一种高尚的生活，为他开启了知识之门。他对希腊文化充满了热情，日后随着他的东征，小亚细亚一带纷纷希腊化了，其流风余韵，历经三百年而不衰！

知识链接

柏拉图

柏拉图（约公元前427年—前347年），古希腊哲学家，也是全部西方哲学乃至整个西方文化最伟大的哲学家和思想家之一。

柏拉图出身于雅典贵族，青年时师从苏格拉底。苏格拉底死后，他游历四方，曾到埃及、小亚细亚和意大利南部从事政治活动，企图实现他的贵族政治理想。公元前387年，他活动失败后逃回雅典，在一所被称为阿加德米的体育馆附近设立了一所学园，此后执教四十年，直至逝世。他一生著述颇丰，其教学思想主要集中在《理想国》和《法律篇》中。

柏拉图是西方客观唯心主义的创始人，其哲学体系博大精深，对其教学思想影响尤甚。柏拉图认为世界由"理念世界"和"现象世界"所组成。理念的世界是真实的存在，永恒不变，而人类感官所接触到的这个现实的世界，只不过是理念世界的微弱影子，它由现象所组成，而每种现象是因时空等因素表现出暂时变动等特征。由此出发，柏拉图提出了一种理念论和回忆说的认识论，并将它作为其教学理论的哲学基础。

征服者——亚历山大

知识链接

柏拉图认为人的一切知识都是由天赋而来，它以潜在的方式存在于人的灵魂之中。因此认识不是对世界物质的感受，而是对理念世界的回忆。其教学目的是为了恢复人的固有知识。教学过程即是"回忆"理念的过程。在教学中，柏拉图重视对普遍、一般的认识，特别重视学生思维能力的培养，认为概念、真理是纯思维的产物。同时他又认为学生是通过理念世界在现象世界的影子才得以回忆起理念世界的，承认感觉在认识中的刺激作用。

他特别强调早期教育和环境对儿童的作用。他认为，儿童在幼年时期所接触到的事物对他有着永久的影响，教学过程要通过具体事物的感性启发，引起学生的回忆，经过反省和思维，再现出灵魂中固有的理念知识。就此而言，柏拉图的教学认识是一种先验论。

柏拉图的教学体系是金字塔形。为了发展理性，他设立了全面而丰富的课程体系。他以学生的心理特点为依据，划分了几个年龄阶段，并分别授以不同的教学科目。0—3岁的幼儿在育儿所里受到照顾。3—6岁的儿童在游乐场内进行讲故事、游戏、唱歌等活动。6岁以后，儿童进入初等学校接受初级课程。在教学内容上，柏拉图接受了雅典以体操锻炼身体、以音乐陶冶心灵的和谐发展的教育思想，为儿童安排了简单的读、写、算、唱歌，同时他还十分重视体操等体育训练项目。17—20岁的青年升入国立的"埃弗比"接受军事教育，并结合军事需要学习文化科目，主要有算术、几何、天文、音乐。20—30岁，经过严格挑选，进行十年科学教育，着重发展青年的思维能力，继续学习"四科"（算术、几何、天文、音乐），懂得自然科学间的联系。30岁以后，经过进一步挑选，学期五年，主要研究哲学等。至此，形成了柏拉图相对完整的金字塔形的教学体系。

根据其教学目的，柏拉图吸收和发展了智者的"三艺"（文法、修辞、哲学）及斯巴达的军事体育课程，也总结了雅典的教学实践经验，在教育史上第一次提出了"四科"，其后这便成了古希腊课程体系的主干和导源，支配了欧洲的中等教育与高等教育达一千五百年之久。

柏拉图认为，每门学科均有其独特的功能，凡有所学，皆会促成性格的发展。

知识链接

亚里士多德

亚里士多德（公元前384—前322年），古希腊斯塔基拉人，是世界古代史上最伟大的哲学家、科学家和教育家之一。

亚里士多德是柏拉图的学生，马其顿王国亚历山大大帝的老师。公元前335年，他在雅典办了一所叫吕克俄斯的学校，被称为逍遥学派。

亚里士多德主张教育是国家的职能，学校应由国家管理。他首先提出儿童身心发展阶段的思想；赞成雅典健美体格、和谐发展的教育，主张把天然素质、养成习惯、发展理性看作道德教育的三个源泉，但他反对女子教育，主张"文雅"教育，使教育服务于闲暇。

※亚里士多德

亚里士多德一生勤奋治学，从事的学术研究涉及逻辑学、修辞学、物理学、生物学、教育学、心理学、政治学、经济学、美学等。他一生写下了大量的著作，他的著作是古代世界的百科全书。他的思想对人类产生了深远的影响。他创立了形式逻辑学，丰富和发展了哲学的各个分支学科，对科学做出了巨大的贡献。

征服者——亚历山大

知识链接

生 平

亚里士多德出生于色雷斯的斯塔基拉，父亲是马其顿国王的御医。公元前366年，亚里士多德被送到雅典的柏拉图学园学习，此后二十年间，亚里士多德一直住在学园，直至老师柏拉图去世。柏拉图去世后，由于学园的新首脑比较偏重柏拉图哲学中的数学倾向，令亚里士多德无法忍受，于是他离开了雅典。

离开学园后，亚里士多德先是接受了先前的学友赫米阿斯的邀请，访问小亚细亚。

三年后，亚里士多德又被马其顿的国王菲利浦二世召回故乡，成为当时年仅十三岁的亚历山大的老师。根据古希腊著名传记作家普鲁塔克的记载，亚里士多德对这位未来的世界领袖灌输了道德、政治以及哲学的教育。我们也有理由相信，亚里士多德也运用了自己的影响力，对亚历山大大帝的思想形成起了重要的作用。正是在亚里士多德的影响下，亚历山大大帝始终对科学事业十分关心，对知识十分尊重。但是，亚里士多德和亚历山大大帝的政治观点存在一些差异。前者的政治观是建筑在即将衰亡的希腊城邦的基础上的，而亚历山大大帝后来建立的中央集权帝国对希腊人来说无疑是野蛮人的发明。

尽管自己的学生已经贵为国王，亚里士多德并没有一直留在国王身边，他决定回到雅典，建立自己的学园，教授哲学。亚里士多德非常重视教学方法，他反对刻板的教学方式，于是他经常带着学生在花园或大道上一边散步，一边讨论哲理，因此后人把亚里士多德学派称作"逍遥学派"。

亚里士多德在这一期间也有很多著作，主要是关于自然和物理方面的自然科学和哲学，他使用的语言要比柏拉图的《对话录》晦涩许多。他的作品很多都是以讲课的笔记为基础，有些甚至是他学生的课堂笔记。因此有人将亚里士多德看作西方第一个教科书的作者。

亚历山大死后，雅典人开始奋起反对马其顿的统治。由于和亚历山大的关系，亚里士多德不得不因为被指控不敬神而逃到加而西斯避难。他的学园则交给了狄奥弗拉斯图掌管。一年之后，即公元前322年，亚里士多德去世，去世的原因是一种多年积累的疾病所造成的。关于他被毒死，或者由于无法解释潮汐现象

知识链接

而跳海自杀的传言,是完全没有史实根据的。

主要观点及主要思想

亚里士多德把科学分为:

1. 理论的科学(数学、自然科学和后来被称为形而上学的第一哲学);
2. 实践的科学(伦理学、政治学、经济学、战略学和修辞学);
3. 创造的科学,即诗学。

亚里士多德在许多学科领域都取得了不凡的成就。

（一）哲学方面

亚里士多德首先是个伟大的哲学家,他虽然是柏拉图的学生,但抛弃了他的老师所持的唯心主义观点。柏拉图认为理念是实物的原型,它不依赖于实物而独立存在。亚里士多德则认为实在界乃是由各种本身的形式与质料和谐一致的事物所组成的。"形式"是每一件事物的个别特征,"质料"则是事物组成的材料。就像是现在有一只鼓翅乱飞的鸡,这只鸡的"形式"是它会鼓翅、会咕咕叫、会下蛋等。当这只鸡死时,"形式"也就不再存在,唯一剩下的就是鸡的物质。柏拉图断言感觉不可能是真实知识的源泉。亚里士多德却认为知识起源于感觉。这些思想已经包含了一些唯物主义的因素。

亚里士多德和柏拉图一样,认为理性方案和目的是一切自然过程的指导原理。可是亚里士多德对因果性的看法比柏拉图的更为丰富,因为他接受了一些古希腊时期人们对这个问题的看法。

亚里士多德在哲学上最大的贡献在于创立了形式逻辑这一重要分支学科。逻辑思维是亚里士多德在众多领域建树卓越的支柱,这种思维方式自始至终贯穿于他的研究、统计和思考之中。

（二）天文学方面

亚里士多德认为运行的天体是物质的实体,地是球形的,是宇宙的中心;地球和天体由不同的物质组成,地球上的物质是由水、气、火、土四种元素组成,天体由第五种元素"以太"构成。

征服者——亚历山大

知识链接

（三）物理学方面

亚里士多德反对原子论，不承认有真空存在；他还认为物体只有在外力推动下才能运动，外力停止，运动也就停止。

（四）生物学方面

他对五百多种不同的植物、动物进行了分类，至少对五十种动物进行了解剖研究；他指出鲸鱼是胎生的，还考察了小鸡胚胎的发育过程。亚历山大大帝在远征途中经常给他捎回各种动植物标本。

（五）逻辑学及数学方面

亚里士多德认为分析学或逻辑学是一切科学的工具。他是形式逻辑学的奠基人，他力图把思维形式和存在联系起来，并按照客观实际来阐明逻辑的范畴。亚里士多德把他的发现运用到科学理论上来。作为例证，他选择了数学学科，特别是几何学，因为几何学当时已经从泰勒斯想对土地测量的经验规则给予合理说明的早期试验阶段，过渡到后来的具有比较完备的演绎形式的阶段。现代的实验家早已不再为逻辑形式而耗费心神了，但希腊和中古时代的科学界在亚里士多德的权威下，运用演绎法把许多错误的权威说成是绝对正确的，并用欺骗性的逻辑形式进行了许多错误的推论。

（六）教育方面

亚里士多德认为理性的发展是教育的最终目的，主张国家应对奴隶主子弟进行公共教育，使他们的身体、德行和智慧得以和谐地发展。在教学方法上，亚里士多德重视练习与实践的作用。如在音乐教学中，他经常安排儿童登台演奏，现场体验，熟练技术，提高水平。在师生关系上，亚里士多德不是对导师一味言听计从，唯唯诺诺，而是在继承的基础上敢于思考、坚持真理、勇于挑战。他那"我爱我师，我更爱真理"的名言，鼓舞着他把柏拉图建立起来的教学理论推进到了一个更高的水平。

亚里士多德为其哲学学校设立了"百科全书"式的课程。他主张学生在德、智、体、美等方面全面发展，且在不同时期各有所侧重：幼儿期以身体发展（体育）为主；少年期以音乐教育为核心，以德、智、美为主要内容；高年

知识链接

级要学习文法、修辞、诗歌、文学、哲学、伦理学、政治学以及算术、几何、天文、音乐等学科。但不管怎样，重心都应放在发展学生的智力上。他特别强调音乐在培养儿童一般修养上的作用，认为音乐具有娱乐、陶冶性情、涵养理性三种功能，它能使人解疲乏、炼心智、塑造性格、激荡心灵，进而通过沉思进入理性的、高尚的道德境界。在体育教学中，他不同意教师只让学生进行严酷甚至痛苦的训练，要教"简便的体操"和"轻巧的武艺"，着重于让儿童身体正常生长。

对后世的影响及现世的研究

作为一位古代世界最伟大的、百科全书式的科学家，亚里士多德对世界的贡献十分卓著，但他的成就远不止于此。他还是一位真正的哲学家，对哲学的几乎每个分支学科都做出了贡献。他的写作涉及形而上学、心理学、经济学、神学、政治学、修辞学、教育学、诗歌、风俗以及雅典宪法。他的研究课题之一是搜集各国的宪法，并依此进行比较研究。

在哲学方面，亚里士多德的思想对西方文化根本倾向、内容产生了深刻的影响。在上古及中古时期，他的著作被译成拉丁文、叙利亚文、阿拉伯文、意大利文、希伯来文、德语和英语。以后的希腊学者研究及推崇他的著作，拜占庭的学者也是如此。他的思想是中世纪基督教思想和伊斯兰经院派哲学的支柱。伊斯兰世界最重要的思想家阿威罗伊，将伊斯兰的传统学说与亚里士多德的理性主义融合成自身的思想体系。最有影响的犹太教思想家迈蒙尼德，用理性主义解释犹太教义，在调和科学、哲学和宗教方面取得了重大成就。

亚里士多德是希腊科学发生转折的一个节点。在他以前，科学家和哲学家都力求提出一个完整的世界体系来解释自然现象。他是最后一个提出完整世界体系的人。在他以后，许多科学家放弃提出完整体系，转入研究具体问题。

但是如果以现在的标准衡量，亚里士多德的某些思想显得有些极端。例如，他赞同奴隶制及女性所受的不平等待遇，认为这是自然界的安排（当然，这些思想是他所处时代的写照）。

征服者——亚历山大

开伊罗尼亚之战

公元前340年,亚历山大刚好十六岁。菲利浦把他叫到宫廷中,希望他能分担国家的重要事务,包括政治和军事的实际事务。这个时候,马其顿和希腊的关系十分紧张。从公元前346年以来,双方一直勉强维持着和平的关系。但是,新的战争终于爆发了,菲利浦带着军队出去作战,国内则由亚历山大摄政,安提帕特罗斯将军留守。在菲利浦远征期间,亚历山大夺得了一个军事基地,并把这块地方命名为"亚历山大城",用来纪念他第一次的作战成果。两年前,亚历山大的父亲菲利浦也曾经有过同样的作战经历。亚历山大这次发动战争的动机很可能是出于和他父亲互相竞争的心理,喜欢竞争而不肯服输是亚历山大一生功业彪炳的原动力。

※亚历山大城

马其顿和希腊的对立是彼此战争的最大因素。雅典和底比斯成立同盟联合对付马其顿,因为只有彼此联合

※ 开伊罗尼亚之战

才能生存下去。但是菲利浦的战略虚虚实实,使敌人难分真假。

亚历山大十八岁的时候,父亲菲利浦就带他出征。当时马其顿的习俗是国王位居步兵部队右翼的中央,是整个部队的总指挥官,而亚历山大被分配在左翼。

年轻的亚历山大在这些战争中学会了如何部署他的军队,并且断然地实行了许多改革。而这次的战争,以骑兵部队为主力也是一个决定性的关键。亚历山大把骑兵部队和步兵部队的部署予以更换,把整个骑兵部队的攻击力集中在右翼,而把左翼改成步兵部队。右翼的骑兵主力军直接攻击到敌方的主要部队。而这支骑兵的主力军则是由亚历山大亲自率领的。

开伊罗尼亚之战,希腊人已经尽了最大的努力,但仍不幸失败。其中战死了一千人,被俘的也有一千人左右,即使如此艰苦作战,仍然难逃惨败的命运!这次战争,最令人惋惜的是希腊城邦的自治以及希腊的自由精神也从此断送了。

战败后,雅典曾经严格地要求战败的将军重新检讨战局,并且追究失败的责任。此外他们还动员了所有年轻力壮的男人,将奴隶和外国人一并在内全部武装起来,就连被希腊人认为最神圣的墓石也被用来做防御工事。他们决心要抗战到底,至少他们认为他们还有完整的舰队,海上的补给不成问题,过去雅典的光荣不能从此一去不复返。

而菲利浦二世同样看到希腊人的坚忍不拔,他觉得与其拥有虚名还不如拥有胜利的实质,这才是战争中的上策。以马其顿的威力,能把底比斯攻击得变成一片废墟,相信敌人也会知道并感到害怕的。但是对于雅典,菲利浦认为还是应该采取宽容的态度,见好就收。如果一直压迫雅典,就会引起希腊人更强烈、更持久的反抗,这样的胜利反而会带来更坏的影响。不如在这

征服者——亚历山大

※哥林多同盟

个时候和雅典签订停战协约,化干戈为玉帛。此时树敌太多对马其顿而言是不划算的。

菲利浦的政策之一就是将雅典阵亡将士的遗骨送还该国,并且派遣使节直接和希腊诸国讲和。除了亚历山大之外,另外一位大使就是安提帕特罗斯。

菲利浦提出的讲和条件竟然极其宽大,简直超出战败国的想象。因此雅典将它的海上同盟解散,自动放弃博斯普鲁斯海峡的霸权,正式成为马其顿的一个忠实盟国。同时菲利浦也释放了俘虏,让他们恢复自由,而且没有要求他们拿出赎金。依照当时战争的惯例,这可以说是前所未有的恩典了。过去,对战败国的要求和战俘的处理都是非常残忍、暴虐的,和这次相比简直

有天壤之别!这给希腊人留下了很强烈的印象。过去底比斯原是马其顿的同盟国,可是在紧要关头它却背叛了马其顿,菲利浦对这种不诚实的行为做了非常残酷的惩罚。现在摆在菲利浦面前的问题就是怎样处理战后的希腊世界,这是他所面临的最重要的问题。

首先,他认为使希腊世界恢复安定与和平是当务之急,因此他的计划是对于被征服的国家不以一个征服者、霸权者的姿态出现,而采取友好、稳重的温和政策来处理被征服的地区。但是对一向不承认马其顿的斯巴达而言,他还是不愿意这么便宜了它。

其次,他希望在政治秩序上各国能马上步入轨道,使社会安定。菲利浦成了当时的国际盟主,他将希腊世界重新编组成攻守同盟体系。这项新的同盟就像依索克拉德斯宣言所说的,希腊诸城邦都与马其顿订有军事同盟的协定,这个协定就是"哥林多同盟",这可以说是确保希腊和平的基础。希腊世界的安定和对马其顿王国的向心力,使菲利浦能够从容地着手东征的准备。菲利浦为东征奠定的坚固基础,使亚历山大在东征的时候能拥有更强大的实力,无后顾之忧。

知识链接

博斯普鲁斯海峡

博斯普鲁斯海峡，又称伊斯坦布尔海峡，位于小亚细亚半岛和巴尔干半岛之间，北连黑海，南通马尔马拉海和地中海，把土耳其分隔成位于亚洲和欧洲的两部分。海峡全长30.4千米，最宽处3.6千米，最窄处708米，最深处120米，最浅处只有27.5米。海峡两岸为坚硬的花岗岩和片麻岩，不易侵蚀，岸壁陡峭、水流湍急。土耳其最大的城市伊斯坦布尔位于海峡中南段两岸，1973年筑成的跨越海峡的博斯普鲁斯公路大桥，长1560米。

博斯普鲁斯在希腊语中是"牛渡"之意。传说古希腊万神之王宙斯，曾变成一头雄壮的神牛，驮着一位美丽的人间公主，从这条波涛汹涌的海峡游到对岸。海峡因此而得名。

博斯普鲁斯海峡是沟通欧亚两洲的交通要道，也是黑海沿岸国家出外海的第一道关口。由于两洲各国间的商贸等各种交往随着人类文明的发展不断增多，它的地理位置尤具战略意义。公元前5世纪的波斯帝国国王大流士一世率领军队西侵欧洲时，曾在博斯普鲁斯海峡上建造了一座浮桥。东罗马帝国时期十字军东征时，曾乘船渡过这里，直逼耶路撒冷。

在海峡南端的最窄处，飞架着世界第四大吊桥、欧洲第一大吊桥——博斯普鲁斯海峡大桥。它气势雄伟，横跨在海峡西岸的奥尔塔科伊和东岸的贝伊勒尔之间，连接着欧亚大陆。整座大桥宛若一条长虹飞架在海峡两岸，沟通了欧亚两洲的交通和运输，方便了两洲人民之间的交流。博斯普鲁斯海峡的中央有从黑海流向马尔马拉海的急流，水底下则有从马尔马拉海流回黑海的逆流。鱼群季节性地随水流往来于黑海和马尔马拉海之间，使得这一带的渔业资源十分丰富。

海峡两岸分属欧亚两洲，但景色十分相似。草地、树丛，片片翠绿；高楼、小屋，点点朱红。罗马帝国和奥斯曼帝国遗留下来的巍峨王宫，傍水耸立；古堡残垣，矗立岸边。在海峡的中段，两岸各有一个公元14至15世纪的古堡，像一对威武的雄狮，昂首挺立。海峡的自然风光与历史古迹相映生辉，博斯普鲁斯海峡已成为土耳其的著名旅游景区之一。

母亲被休

令人愤怒的事件

在今天希腊奥林匹亚有一处很小的古迹,据说是菲利浦二世留下来的,那是马其顿家族的黄金象牙像,是由有名的工匠打造而成,是菲利浦为了纪念作战胜利而立的纪念碑。

公元前338年的秋天,王妃奥琳比亚丝的地位已经开始动摇,但是在纪念碑上全家福的雕像中仍然有王妃的像。菲利浦和奥琳比亚丝的感情很久以前就已经开始冷淡了。这也是菲利浦长年在外很少回家的主要原因之一。

※亚历山大母亲奥琳比亚丝

◇ 图 说 名 人 ◇

名人名言

当正义之剑挥出之时,听到作恶者的哭嚎是必然的!

——亚历山大

凯旋的菲利浦以通奸的罪名处罚了王妃，并要与之废除婚姻关系。事实上，这只是表面上的理由，菲利浦准备和阿塔拉斯年轻貌美的外甥女克丽欧佩特拉结婚才是真正的目的。这样，阿塔拉斯就成了宫廷中最显贵、最有势力的大贵族。阿塔拉斯一向和王妃不睦，以他为代表的贵族都看不起王妃这个出身于野蛮边疆的女子，他们认为这种出身的女人没有资格母仪天下，而奥琳比亚丝本人偏偏非常喜欢干预政治，这使得贵族们只好对她敬而远之。双方的鸿沟越来越大。

国王废除王妃这件事情可以说是宫廷中的一种阴谋。贵族们希望有一位马其顿出身的女性成为王妃，他们这种想法影响了菲利浦。其实这些贵族们密谋更换王妃的最重要原因，是因为亚历山大给了他们极大的威胁感。在开伊罗尼亚战争中，亚历山大的出色指挥赢得了士兵们的一致拥戴。当时流传着这样的说法：将士们称亚历山大为"王"，而称菲利浦为"将军"。菲利浦听到这个传言不但不生气，反而大为高兴。他对亚历山大有很深切的期望，而且他相信自己的儿子将来一定会成就一番伟大的事业。

※菲利浦相信自己的儿子亚历山大一定会成就一番大事业

虽然亚历山大当时还只是一个少年，可是这些大贵族们已经感到他将是一个厉害的角色，以后将难以对付。至于亚历山大的父亲菲利浦，他们认为是和自己同一类的人物，他们知道怎样去左右他，因此对他并不感到畏惧。虽然菲利浦在名义上是国王，但在贵族们的心目中他不过是大贵族的代表而已。而这位年轻的王子亚历山大却不同，他们似乎没有办法了解他的想法，他似乎生下来就是属于另外一个世界的人物。连这些贵族们都有这种直觉，身为父亲的菲利浦当然感受得更为深刻。

虽然，马其顿是在菲利浦的治理下才变得日益强盛的，然而实际上，除了菲利浦的励精图治外，主要是靠大贵族的共同协力才有

征服者——亚历山大

这样的局面。所以在王位继承的问题上，大贵族发表了很多意见，并且想要阻止亚历山大成为王位继承人。同样，在马其顿，亚历山大可以说是非常孤单的，因此他对这些门阀贵族产生了很大的反感。

菲利浦和克丽欧佩特拉结婚之后，阿塔拉斯就成了国舅，地位更加尊贵了。在举行婚礼的时候，阿塔拉斯得意洋洋地表示，希望国王能够早日得到一个嫡子，并向国王和王后举杯庆贺。因为此时亚历山大已受冷落，所以阿塔拉斯故意这么说来激怒亚历山大，同时还想借机侮辱亚历山大的母亲。当时，亚历山大非常地愤怒，他把酒杯掷向阿塔拉斯，很不客气地对他反唇相讥，而且和父亲吵了起来。最后，年轻的亚历山大愤然出走，和他的母亲一起回到伊比鲁斯——他母亲的国家去了。

为什么菲利浦明知会引起家庭风波，但是他还是在东征计划之前和克丽欧佩特拉结婚呢？他这么做使亚历山大和他之间造成了很大的隔阂，远征的计划因此受到了阻碍，这是谁都能够想象得到的。在菲利浦周围的贵族们，一方面希望远征的计划能有亚历山大参加，因为只有这样才有胜利的把握；可是对于王位问题，他们又不希望由亚历山大来继承。这两件事情互相矛盾，最后促成了菲利浦遭暗杀的事件。

当时的大贵族们一直扬言王位一定要传给嫡子才行。但是从嫡子出生到长大还需很长的一段时间。在这段时间里，亚历山大仍是理所当然的王子，但是他这个王子身份有着时间的限制，能继承王位的可能性并不大。不过，亚历山大在贵族的眼中还有利用的价值。尤其是横在眼前的东征问题已经进入紧锣密鼓的阶段，势必要亚历山大参战才能成功。为了化解菲利浦和亚历山大父子之间的怨隙，特地由菲利浦的一个老朋友笛玛拉塔斯出面调解，希望亚历山大能够再度回到马其顿。

在东征之前不能让菲利浦和亚历山大交恶，这也是大贵族们的计划。因为亚历山大具有卓越的军事才能，他们这次一定要利用他来率领军队东征。在嫡出的王子成人之前，他们一面要利用亚历山大，一面要监视他的动静。亚历山大的母亲自从回到她的故乡——伊比鲁斯之后，对于亚历山大地位的不稳定就非常担心。

菲利浦被刺

奥琳比亚丝回到伊比鲁斯之后,想到菲利浦加之于她的种种侮辱,胸中充满着怒火,成天想加以报复。可是她认为身为一个女人,报复的事情不可能以自己一个人的力量去完成,因此她希望她的弟弟——伊比鲁斯的国王能够助她一臂之力。

菲利浦自从把奥琳比亚丝休掉之后,就一心想要和伊比鲁斯维持友好的关系,这是他当时的政策,因此他想把自己的妹妹嫁给伊比鲁斯的国王为妻。菲利浦不愿见到两国关系的恶化,因此很巧妙地用政治婚姻来弥补这道裂痕。这件婚姻双方都已经谈拢了,但这件事对奥琳比亚丝来说又是一个非常沉重的打击!一向值得依赖的弟弟现在也离她而去,使她成为完全孤独空虚的人。她愤然发誓,这个仇非报不可!

伊比鲁斯国王和马其顿公主的结婚仪

※菲利浦能征善战,但是在公元前336年遇刺身亡

征服者——亚历山大

式是在马其顿的旧都举行，这个婚礼极尽奢华之能事，时间则是在公元前336年的初夏。各国使节都来参加婚礼，宾客云集，并有竞技表演作为婚礼的余兴节目，好不热闹！当时的马其顿可以说是希腊世界的霸权者，菲利浦更是有心在这个婚礼中夸耀国威。最后戏剧开演了，这可以说是整个婚礼的压轴好戏，是最受人们欢迎的节目。

戏剧从早上就开始上演，观众爆满。这次演出的戏剧是一项非常大胆的尝试，原本要上演的希腊神祇的角色改成了菲利浦二世。这样做一方面是要加强民众对菲利浦的崇拜；二来也要试试民众对菲利浦的拥护到底到了何种程度。这是经过菲利浦精心筹划的。

先由亚历山大伴着新郎伊比鲁斯国王一起出现在大众的面前，菲利浦把所有的卫兵都撤除，以表示对民众的信赖和亲民的作风。

但是，在热闹喜庆的场合里，谁也没有发现在剧场的门口有一个卫兵打扮的人并没有遵守命令退出剧场，他依然站在那里。当菲利浦一行人通过的时候，他很快地拔出短剑往菲利浦的胸前刺去，菲利浦未及躲避，在这瞬间让谋刺的人占了先机。

所有的宾客都吓呆了，这让暗杀的人能够从容地逃走。过了好一会儿，众人如梦初醒，才想起要去追捕凶手，最后还是当场捉到，并且把他处死了。刺客的名字叫作鲍舍尼亚斯，是一位年轻的贵族。

这可以说是一件大逆不道的事情，鲍舍尼亚斯暗杀菲利浦的动机究竟是什么呢？关于这一点历史上有许多的传说，但是在当时有一种很有趣的解释是，他和阿塔拉斯将军有私人的怨隙，据说阿塔拉斯将军有断袖之癖，喜欢男色，常常召唤鲍舍尼亚斯前来。鲍舍尼亚斯认为自己也是贵族出身，阿塔拉斯这样做是玷污了他的名誉，他就主动地向菲利浦控诉。可是阿塔拉斯是当今王后的舅父，等于是国王的长辈，而且又是马其顿最有势力的大贵族，国王也不敢惹他，因此菲利浦就没有理会鲍舍尼亚斯的控诉。这使鲍舍尼亚斯非常愤怒，因此决心暗杀菲利浦。但是我们如果了解到整个事情的关键就不难想象，在这表面的事态下还隐藏了更重要的动机，而且这件事有一个奇妙的巧合，当菲利浦被暗杀的时候，阿塔拉斯正带兵出征小亚细亚的西北部。当亚历山大即位之后，立刻派密使去暗杀阿塔拉斯。因为阿塔拉斯是亚历山大母亲的仇人，也是他自己不共戴天的仇人，这一点是非常明显的。

从这件事情上看，就可以知道表面上的理由是：阿塔拉斯爱好男色，把鲍舍尼亚斯当作玩弄的对象，造成鲍舍尼亚斯暗杀菲利浦的事件。而实际上，这件阴谋的主谋者是谁，大家都心照不宣，一猜便知。还有一个可能是：阿塔拉斯的丑闻完全是亚历山大捏造出来的，目的是掩饰亚历山大自己的真正动机。亚历山大要除掉老国王，自己好早日登上王位。

暗杀菲利浦结果对谁最有利呢？这件事情无疑成为希腊世界的一大话题，最受瞩目的当然是奥琳比亚丝和亚历山大了。在亚历山大即位之后，他马上宣布这件谋杀案完全是出自波斯的国际阴谋，是为了阻止马其顿的东征而使出的手段。不过，这种冠冕堂皇的解释却不为人们所接受。

当代希腊历史学家——布鲁塔斯曾经在书上说，幕后的主使人是谁大家心里都明白，但是事实上却是证据不足。嫌疑最大的当然是奥琳比亚丝，她不但王妃的身份被废，而且她唯一的弟弟也被菲利浦的政治婚姻收买过去，使她在这个世界上感到孤立无援，何况她一向寄望甚深的儿子在王位继承上也遭到了很大阻碍。

鲍舍尼亚斯是欧利斯得斯地方的贵族，欧利斯得斯最近才被马其顿并吞，过去一直是臣属于伊比鲁斯王国的。当亚历山大即位之后，奥琳比亚丝在鲍舍尼亚斯的尸体上放置了一顶黄金做的冠冕，并且予以厚葬。这种行动当然是十分惹人注目的。可是她这么做也另有苦心，就好比一只阴险狠毒的蛇正打算袭击一只小鸟的时候，母鸟就会拍拍翅膀让蛇来吃它自己。她为了转移众人对亚历山大的怀疑，便将人们的眼光吸引到自己身上来。但是亚历山大和这件谋杀案会完全无关吗？每个人心里都明白他一定是脱不了干系的，虽然许多人都这么想，可是始终找不到证据，因此也就说不出口。

菲利浦遇刺之后，亚历山大继承了王位

征服者——亚历山大

年轻的国王

菲利浦被暗杀后，立即引起了马其顿王国的一阵混乱。元老安提帕特罗斯是一个非常能够洞察时机、见风使舵的人。他正式召集马其顿的文武百官开会，在会议中，提案承认新国王亚历山大。这一年是公元前336年，亚历山大才二十周岁，堪称一代青年国王。

将士们对亚历山大年轻英武的气质非常钦佩，在过去的几次战争中，将士们已经了解亚历山大具有比他父亲更优异的军事才能，因此将士们都拥护新国王即位，热烈的情景不难想见。可是，在连续的几个月里，王室和宫廷中发生了不少的变动，亚历山大趁这个时候整肃异己，他把过去对他不利的王族、贵族以及朝廷上的大臣们，都以谋反的罪名加以逮捕。事实上，许多人都是冤枉的，这可以说是亚历山大的报复行为。由此次事件，也可以看出亚历山大的猜疑心很重。因为过去那些人给他太大的压力，使他心存怨恨。

另外一方面，菲利浦的新王后克丽欧佩特拉也是亚历山大复仇的对象。这位新王后在众人祝福下顺利地生了一个男孩，成为将来的王位继承人，但是当菲利浦被暗杀后，情势完全改变了。亚历山大认为，处理女人的事最好还是由女人去做，因此他把这件事交给他的母亲来处理。奥琳比亚丝把这个

※菲利浦的新王后产下一子

※暗杀阿塔拉斯

孩子从克丽欧佩特拉的手中夺来，立刻予以绞死。婴儿的母亲看到这幅惨状惊恐得发疯了，最后上吊自缢。奥琳比亚丝站在一旁冷冷地看着。

亚历山大获得安提帕特罗斯的支持后，地位已经很稳固了。接下来的问题就是派往小亚细亚的远征军会不会揭竿反抗，这些军队的动态对本国的政治有着很大影响。率领这支军队的大将是巴门尼欧，是菲利浦最倚重的老将，也是深得将士们信赖的指挥官。阿塔拉斯非常明白，自己未来的命运就要看巴门尼欧的立场了。巴门尼欧是一个非常慎重的人，他很清楚亚历山大已经完全掌握了王权，并获得了人民的支持和拥护。如果他现在起来反对亚历山大，将是非常危险的。而他的朋友安提帕特罗斯已经表示对亚历山大效忠……基于这些考虑，巴门尼欧不得不有所决定。当亚历山大派密使要暗杀阿塔拉斯的时候，已获得巴门尼欧的默许，因此事情才能顺利地达成。巴门尼欧是阿塔拉斯的岳父，他们之间的关系当然极为亲密，可是在这个时候巴门尼欧只有两条路：一条是揭竿反叛；另一条路就是切断亲情效命于亚历山大。显然他选择了后者，舍去了私情。

获得巴门尼欧的支持，亚历山大的地位更趋稳定。巴门尼欧的向背，对于亚历山大的王权有决定性的影响力。两年之后，东征军出发，巴门尼欧一族都被拔擢为各军的统帅，真是风光一时，令人瞩目！

当时的巴门尼欧可以说是军队中炙手可热的人物，马其顿的军队等于是他和菲利浦两个人一手训练出来的。他在军队中拥有相当大的势力，权重一时进而影响到政治。

对亚历山大来说，他得防范巴门尼欧一族将帅的专权，以免他们将来坐大而无法驾驭了。可是，目前还得借重巴门尼欧的势力，因此不得不隐忍。亚历山大在军事上、行政上都不得不与菲利浦时代的大将们互相协调，他必须暂时遵守这项原则。

征服者——**亚历山大**

平定巴尔干半岛

菲利浦被暗杀的消息很快地传遍希腊世界，当时希腊世界的人民意气飞扬地把马其顿驻留在希腊的军队赶出去，亚历山大所继承的哥林多盟主的地位已经摇摇欲坠了。刚刚成立的"哥林多同盟"似乎马上就要面临瓦解的危机。

首先起而反抗的就是雅典。在开伊罗尼亚战争时，雅典没有受到直接攻击，而且在战后对菲利浦卑躬屈节、阿谀谄媚；但是一朝传来菲利浦的死讯，他们却举国若狂，大肆庆祝。

亚历山大迅即派遣精锐部队南下，首先镇压反抗最为激烈的底比斯。之后，他单刀直入地问雅典，是否承认他是哥林多盟主。亚历山大以迅雷不及掩耳的速度使雅典措手不及，雅典只得屈服在亚历山大的条件之下，承认了他是"哥林多同盟"盟主的地位。希腊世界都以为，在菲利浦死后，东征之事将会受挫，可是亚历山大还是按照预定的计划准备出发。

在马其顿的北方，有一个山地部族特里巴利人正在蠢蠢欲动，希望能借机独立。亚历山大在解决了希腊问题之后，整个冬天都在从事北征的准备工作。翌年春天（公元前335年），亚历山大率领着一万五千人的大军浩浩荡荡地挥师北上。他预备在东征的时候让安提帕特罗斯留守马其顿，委任他处理国内的事务,因此必须先肃清北方的敌人,以防特里巴利人犯边。亚历山大率领大军沿多瑙河上溯一直深入敌境,把舍玛斯国王打得落花流水。这次北征的另一个目的,可以说是东征的前哨战,或是一次大规模的军事演习。事实上,在这次北征中,亚历山大的军队学到了许多作战的经验,此后好几次用在东征的战场上。

这次北征,将越过海拔两千五百米以上的巴尔干山脉,经过许多险峻的大山深入敌境。特里巴利人封锁了山中险要之地,他们将大石块向下投掷,利用居高临下的地势采取先发制人的战术。亚历山大则命令部下分左右散开,用盾牌抵住敌人的攻击,然后匍匐前进,尽量保存自己的兵力而通过隘道。

亚历山大率领的大军终于冲过了第一道防线,直逼敌军的大本营。整个战争变成了在森林中的游击战,这种长期的战斗对亚历山大很不利。而且,当地地势对他很不利,那里布满了急流和断崖,赢得这场战争实在是艰苦异常!

亚历山大一心想突破这种局面,因此打算先攻击多瑙河对岸的游牧民族——克塔伊族。他将皮革

※亚历山大在战争中成长

征服者——**亚历山大**

※亚历山大北征途中曾路经巴尔干半岛

缝成袋子，里面塞满干草做成浮筏，同时又将巨大的树干挖空做成独木舟，以便渡河。这种用浮筏渡河的作战方法本是东方人的传统，亚历山大加以引用后，一直被沿用下去。

从这一次的北征可以看出：亚历山大对未知的事物有难以抑制的冲劲。在以后的东征过程中，表现尤为明显。每当他陷入进退不得的僵局之中时，他一定会突破现状，绝不会坐以待毙。

亚历山大渡过了多瑙河深入克塔伊的内陆，克塔伊族虽然顽强抵抗，但是仍然被歼灭了。这时候，那些原先桀骜不驯的敌人也都不战而降。因为他们失去克塔伊的援助，从此缺乏补给，丧失了继续作战的能力。

在亚历山大的大军凯旋的途中，又接到飞报传讯，据说伊利亚人正准备袭击抵抗，以致马其顿王国的西境又陷入了危险之中。亚历山大率领大军从巴尔干山脉西行，沿途经过许多敌人的要塞，遭受到非常猛烈的袭击。

在深山巨谷之中，熟知地势的敌人占了很大的优势，亚历山大曾经遭到敌人的大包围，差点陷入绝境。可是在他的冷静判断之下，他还是取得了最后的胜利。这次的胜利不完全是以兵力取胜，而是以头脑取胜，战争的规模虽然不大，可是亚历山大充分发挥了他的智慧和军事才能。

亚历山大平定了南部和北部，使其不再扰乱东征的进行，可是真的是所有的问题都解决了吗？在巴尔干半岛的群山万谷中仍有一个接一个的敌人等待亚历山大去平定，这些都需要亚历山大以他的聪明才智去判断解决。这时的希腊诸国虽然已经被平定，可是他们仍然充满了反抗精神，要为争取自由做最后的战斗。

当时有一个谣传：亚历山大在和伊利亚人作战的时候败北而全军覆没，亚历山大本人已经战死。谣言传遍了希腊世界，使希腊人又重

知识链接

狄摩西尼

狄摩西尼（公元前384年—前322年）是古代希腊最伟大的雄辩家之一。在他七岁时，父亲去世，留下的巨额财产被监护人侵吞。狄摩西尼成年之后，决心向法庭提出控诉。他虽然身体虚弱，但意志十分顽强。他克服口吃、咬字不清等先天缺陷，掌握了雄辩术，终于以流畅有力的言辞获得胜利。此后，他长期代人撰写状纸，犹如后世的律师一样，并投身政治，曾领导雅典人民进行近三十年反对马其顿侵略的斗争。

公元前346年4月，雅典与马其顿议和。为了给未来的长期斗争争取准备时间，狄摩西尼同意和谈，并亲自参加谈判。但是，马其顿国王菲利浦对他的雄辩极为畏惧，避免与他舌战，只同雅典的另一代表埃斯基涅斯协商。埃斯基涅斯提出了一些对马其顿有利的条款，双方订立菲洛克拉特和约。狄摩西尼回国后，斥责埃斯基涅斯媚敌，并发表《论和平》的演说，对缔结和约表示不满。公元前343年，他又发表《伪使节》的演说，控告埃斯基涅斯等人在与菲利浦的谈判中通敌受贿。埃斯基涅斯对此恨之入骨。

公元前330年，由于狄摩西尼对国家立有大功，雅典决定授予其金冠。埃斯基涅斯等人借机掀起一场轩然大波，他控告提出此项决定的泰西封等人，并抓住狄摩西尼的某些事情大做文章。埃斯基涅斯的演说夸大其辞，华丽而又富于妙趣，形势顿时变得对狄摩西尼不利。为此，狄摩西尼不得不与埃斯基涅斯展开公开辩论，怒斥对手的诬蔑和攻击："……埃斯基涅斯，我可以下断言，你是利用这件事来显示你的口才和嗓门，而不是为了惩恶扬善。但是，埃斯基涅斯，一个演说家的语言和声调的高低并没有什么价值。能够以人民的观点为自己的观点，以国家的爱憎为自己的爱憎，这才有意义。只有心里怀着这点的人才会以忠诚的心来说每一句话。要是对威胁共和国安全的人阿谀奉承，同人民离心离德，那自然无法指望与人民一道得到安全的保障了。但是，你看到了吗？我却得到了这种安全保障，因为我的目标与我的同胞一致，我关注的利益跟人民一致。你是否也是这样呢？这又怎么可能？尽管众所周知，你原来一直拒绝接受出使菲利浦的任务，战后你却立刻就到菲利浦那里做大使了，那时给我们国家带来大难的罪魁祸

知识链接

首正是你。"

埃斯基涅斯指责狄摩西尼在捏造事实欺骗国家，狄摩西尼当即反驳：

"是谁欺骗了国家？当然是那个内心所想与口头所说不一的人。宣读公告的人该对谁公开诅咒？当然是上述那类人。对于一个演说家来说，还有比心口不一更大的罪名吗？你的品格却正是这样。你还胆敢说话，敢正视这些人！你以为他们没有认清你吗？你以为他们昏昏沉睡或如此健忘，已忘记你在会上的讲话？你在会上一面诅咒别人，一面发誓与菲利浦绝无关系，说我告发你是出于私怨，并无事实根据吗？等到战争的消息一传来，你就把这一切都忘记了，你发誓表示和菲利浦很友好，你们之间存在友谊——其实这是你卖身的新代名词。埃斯基涅斯，你只是鼓手格劳柯蒂亚的儿子，又怎么在平等和公正的恳词下成为菲利浦的朋友或知交呢？我看是不可能的。不！绝不可能！你是受雇来破坏国人利益的。虽然你在公开叛变中被当场抓获，事后也受到了告发，却还以一些别的人都可能犯而我却不会犯的事来辱骂我，谴责我。

"埃斯基涅斯，我们共和政体的许多伟大光荣事业是由我完成的，国家没有忘记我的业绩。以下事例就是明证：选举由谁来发表葬礼后的演说时，有人提议你，可是，尽管你的声音动听，人民不选你；也不选狄美法斯，尽管他刚刚达成和平；也不选海吉门或你们一伙的任何人，却选了我。你和彼梭克列斯以粗暴而又可耻的态度，列出你现在所举的这些罪状来谴责、辱骂我时，人民却更要选举我。原因你不是不知道，但我还是要告诉你，雅典人知道我处理他们的事务时的忠诚与热忱，正如他们知道你和你们一伙的不忠。共和国昌盛时，你对某些事物发誓拒认；国家蒙受不幸时，你却承认了。因此，对于那些以共和国灾难来取得政治安全的人，我们的人民认为在他们如此做时已是人民的敌人，现在则更是公认的敌人。对于那向死者演说致敬、表扬烈士英勇精神的人，人民认为他不应和与烈士为敌的人共处一室，同桌而食；他不该与杀人凶手一起开怀饮宴，并为希腊的大难唱欢乐之歌后，再来这里接受殊荣；他不该用声音来哀悼烈士的厄运而应以诚心吊唁他们。人民在我和他们自己身上体会得到这一点，却无法在你们任何人中寻得。因此他们选了我，不选你们，人民的想法如此，人民选出来主持

知识链接

葬礼的我同死者父兄的想法也一样。按照风俗，丧筵应该设在死者至亲家属中，但人民却命令将筵席设在我家。他们这样做有道理：因为单独来说，各人与死者的亲属关系要比我更密切，可是，对全体死者而言，却没有人比我更亲近了。更深切关心他们安危成就的人，对他们死难的哀痛也最深。"

如痴如醉的听众对狄摩西尼的发言不时报以雷鸣般地回应。他赢得绝对多数人的支持。原告在这场诉讼中败诉，埃斯基涅斯被赶出雅典，放逐罗得岛。

狄摩西尼赢得金冠，其辩论演说被称为"金冠辩"。它至今仍被公认是历史上最成功的雄辩艺术杰作之一。

燃起了希望，认为这是和马其顿决战的最好机会。底比斯的民众对驻守在当地的马其顿军队大举攻击，并且把指挥官杀死。一时，要求解放的呼声直上云霄。

这种情形在雅典也是一样，狄摩西尼把亚历山大在山中全军覆没的消息十分兴奋地向大家报告。他说他是亚历山大全军覆没的唯一目击者，在九死一生中好不容易才捡回这条性命，因此他可以保证，亚历山大绝对是死了。虽然雅典的居民们对这个人所说的话半信半疑，但是大家都乐于听到这个消息。他们兴奋的情形是可以想象得到的。

狄摩西尼绝不放弃这个好机会，他马上组织军队筹划各项工作，并且接受了波斯提供的巨额经费，而且对底比斯提供武器和金钱支援。

亚历山大的消息非常灵通，他马上获知这个变局，下定决心一定要把这些反对分子一举擒获。

亚历山大北征的目的，到这个时候可以说是完全达到了，在时间上也配合得很好。他以极快的速度穿过了巴尔干半岛的主脉，不到两个星期，亚历山大的大军已经迫近底比斯了。面对险阻的山道，装备笨重的马其顿军队居然可以每天在崎岖不平的羊肠小道上行军三十千米以上。根据常识，这是难以实现的速度。当底比斯的民众们第一次看到亚历山大出现的时候简直不敢相信：这真的是亚历山大的军队吗？

当他们辨认出那是千真万确的事实时，这才感到和解的希望全没了。这时他们也觉悟到已经面临

征服者——亚历山大

※ 年轻的亚历山大曾在多瑙河畔征战

绝望的命运。经过国民大会的商量之后，他们决定要为了自由奋战到底。底比斯的全体市民，连同奴隶、外国人都拿起武器，为保卫底比斯做最后的奋战。从他们这次全民皆兵的举动来看，底比斯确实是抱着宁为玉碎、不为瓦全的决心。尽管如此，底比斯的攻陷现在只是时间问题而已。

虽然底比斯人众志成城，英勇奋战，可是还是无法抵抗亚历山大的攻击。到了最后，亚历山大终于攻入了底比斯城，不分男女老幼，一律屠杀掠夺。底比斯城内到处都是尸体，堆积得像山一样的高，即使是躲在神殿中的老人和妇女们也被士兵们拖出来，有的被杀，有的被殴打，有的被施以暴行。根据史书记载，底比斯被屠杀的种种惨况简直是人间地狱。最后，底比斯被夷为平地，浩劫之后残余的人们也沦为奴隶。

马其顿的士兵对底比斯城的破坏可以说是非常彻底，连一草一木都不能幸免。这一次大屠杀的时间只不过是一天，可是这一天的血雨腥风足令天昏地暗！这就是亚历山大恩威并施、杀鸡儆猴的做法，使其他的希腊诸国都噤若寒蝉，不敢再支援底比斯。他将这一次战役的罪魁祸首的命运交给同盟会议去决定，让希腊人自己去判决这些人。这可以说是非常讽刺的做法，亚历山大给予希腊人很大的难堪。对于希腊人，这也是一个非常棘手的问题。

曾经在《荷马史诗》中讴歌的底比斯的古都，其中有最负盛名的七个门，从此以后，这些历史陈迹永远地消失了！大部分的女人和孩子都沦为奴隶，大约六千名男子在这场战争中战死。底比斯的后代从此几乎灭绝了。

这时，希腊的许多国家拼命地为自己辩白，他们纷纷派遣特使向亚历山大祝贺。很明显他们都想拍亚历山大的马屁。可是亚历山大对这些使者连正眼也没有看一眼，相反的，他还要求雅典将十个罪魁祸首交出来。雅典接到这张名单后一时议论纷纷，当然黑名单之中也包括狄摩西尼的名字。

温和派的政治家布其欧主张这十个人应该顾全大局牺牲自己。他强烈地指责那些鹰派人士不应该再躲藏起来。可是雅典的市民们觉得布其欧只是一个投机政治家，他这种意见完全是奉承马其顿的做法。一时群情哗然，嘘声四起，把布其欧从议会中轰了下来。

亚历山大也有些懊悔，他认为对底比斯的屠杀实在是太过分了。亚历山大已恢复了冷静，因此接受了雅典使节的请愿，愿意将他的要求撤回。

在同盟会议中，进攻波斯的具体计划首次被正式提出。东征行动预定在次年的春天进行（公元前334年）。希腊各国的军队将集结在贝斯坡特斯的地方，在这次会议中已经获得一致决议。

远征东方的计划是由菲利浦构想出来的，而大部分的执行工作则由亚历山大来完成，但是亚历山大进行的计划可能和菲利浦不太相同。究竟在亚历山大东征之初，他心里有着怎样的目标呢？

对菲利浦来说，进攻波斯是经过一番冷静的考虑和缜密的计划最后才决定的。为了建立东征的基础，马其顿王国的军事力量更加坚实了，当马其顿本身的力量已经稳固之后，菲利浦认为已有足够的能力做东征的准备了。

以马其顿王国为中心，以现实政策为基础，东征的范围当然有一定的限制，而不可能无止境地征服。不但如此，还要考虑到征服过的土地的安抚工作。菲利浦最大的野心就是征服整个小亚细亚，他的

※底比斯文明毁于战争

征服者——亚历山大

野心也就到此为止了。

可是对亚历山大而言,却正好相反。他的野心远远超过菲利浦,他是一个彻头彻尾的世界级的征服者。

从公元前335年的秋天到第二年春天的半年中,亚历山大一直停留在马其顿王国,忙着做东征的准备。他首先面临的问题就是经费。在增加国家税收方面,菲利浦曾经做过多种努力,他得到了一座金矿,并开发国内的产业以及从殖民地获得了许多的税收。可是在军备方面却开支浩繁,菲利浦虽然广为开源却不能节流,因此变得入不敷出,财政收支年年都是赤字。

当亚历山大继承王位,接收菲利浦的财政时,是五百泰伦的负债情况。他为了做远征的准备又债台高筑,另外借了八百泰伦的巨额款项。亚历山大究竟从哪里借到的那

※亚历山大的每次出征都伴随着流血和死亡

么多钱呢？那些雅典的资本家们对这项空前的赌注是绝对没有兴趣的。据猜测，他可能是把王家的财产，诸如王家的领地、港湾收入以及一些王家私有收入都一一加以变卖。他这么做，在他身边老成持重的臣子一定会加以劝阻，亚历山大很可能回答说："留得青山在，不怕没柴烧。虽然变卖了一切，但是留下希望，那就足够了！"这句话是来自野史的传说，至于是否可信暂且不去评论，但从这句话中我们可以想象出亚历山大豪气凌云的英雄气概。

镇守本国的大将安提帕特罗斯以及亚历山大的副将巴门尼欧，都对亚历山大这种"背水一战"的做法感到忧心忡忡。最令他们担心的是亚历山大连王子都没有留下，子嗣空虚就率军东征，令他们为之提心吊胆。因为只要有一根箭穿过亚历山大的心脏，这个王国就会陷入空前的大混乱。

老臣们都认为，亚历山大应该先结婚，有了法定的王位继承人之后才能够东征，这样马其顿王国的政治基础才能够稳定下来。以一个臣子的角度来考虑，自然会有这一层的想法。因为他们历经世事，看惯了为了王位继承问题而造成的许多悲惨可怕的政治事变。

亚历山大听了这些谏言只是一笑置之，他认为他所担负的使命是英雄的使命，他不必像其他的人一样结婚生子，过着安安稳稳的生活，他是不断地向命运发出挑战的人。男儿志在四方，本应驰骋疆场，绝不是像巴黎斯那样的男人——英雄气短，儿女情长！

他对子嗣问题如此地冷漠和不关心，也可以说是一个统治者对他的帝国缺乏责任感的表现。他是彻头彻尾的以自我为中心的人，除了他个人的目标之外，对其他方面的事情一概不愿顾及。这种强烈的自我态度可以从不结婚这一点上明显地看出来。

对亚历山大而言，他并没有认真地考虑到马其顿王国的延续问题。他的心中只有自己的野心和欲望，甚至没有马其顿王国。

知识链接

巴尔干半岛

巴尔干半岛与西班牙、葡萄牙所在的伊比利亚半岛、意大利所在的亚平宁半岛并称为欧洲三大半岛。它位于南欧东部，西临亚得里亚海，东濒黑海，南滨伊奥尼亚海和爱琴海，东南隔黑海与亚洲相望，北以多瑙河、萨瓦河为界，西至

征服者——亚历山大

知识链接

的里雅斯特。其面积约50.5万平方千米，包括阿尔巴尼亚、波斯尼亚和黑塞哥维那、保加利亚、希腊、马其顿等国家的全部国土，以及塞尔维亚、黑山、克罗地亚、斯洛文尼亚、罗马尼亚、摩尔多瓦、乌克兰与土耳其的部分土地。

半岛地处欧、亚、非三大洲之间，是欧、亚联系的陆桥，南临地中海重要航线，东有博斯普鲁斯海峡和达达尼尔海峡，扼黑海的咽喉，地理位置极为重要。

地形以山地为主。半岛西部有迪纳拉——品都斯山脉，中东部有喀尔巴阡——老山(巴尔干)山脉。老山山脉是阿尔卑斯山、喀尔巴阡山的延伸，经南斯拉夫东部，横贯保加利亚中部，直临黑海。东西两列山脉之间是古老的罗多彼山脉和马其顿山丛，最高峰穆萨拉峰，海拔2925米。

半岛上平原分布零散，仅萨瓦河、多瑙河、马里查河谷较宽广。矿产有铜、汞、铬、铅、锌、石油以及铁、煤等。半岛西部和南部沿海地带属地中海型气候，夏季炎热少雨，冬季温和湿润。半岛内部属温和大陆性气候，夏热冬冷。除多瑙河、萨瓦河外，其他河流多短小湍急。较大湖泊有斯库台湖、奥赫里德湖、普雷斯帕湖。土壤以山地褐色土分布最广，在石灰岩区有红色石灰土。

巴尔干半岛历史悠久，南部是古希腊文化的发祥地。公元前2世纪以后，曾先后被罗马、拜占庭、奥斯曼等帝国所统治。奥斯曼帝国的统治长达五百余年，其间半岛人民曾进行了一系列反对奥斯曼帝国统治的斗争。

从19世纪起，沙俄渴望打通南下地中海的通道，奥地利企图向南扩张通向亚得里亚海，英、法则要保护通往印度洋和远东的交通命脉，因而半岛成为俄、奥、英、法激烈争夺的地区，多次发生战争，素有"欧洲火药桶"之称。主要战争有：1828—1829年和1877—1878年两次俄土战争，1912—1913年和1913年两次巴尔干战争。战争使半岛各国的对立及列强间的矛盾加剧，于1914年以奥匈帝国皇储弗兰茨·斐迪南在萨拉热窝被刺为导火线，爆发了第一次世界大战，半岛各国都被卷入战争。

一战后，半岛政治格局发生了极大变化，由于帝国主义再次争夺激烈，该

知识链接

地区一直矛盾重重。

在第二次世界大战中,半岛曾被德、意法西斯占领,各国都进行了反法西斯的斗争。二战后期在半岛召开的雅尔塔会议,对战后国际关系的格局产生重要影响,即产生了雅尔塔体系。战后半岛诸国建有多处军事基地。海军基地有:南斯拉夫的斯普利特、科托尔湾;阿尔巴尼亚的都拉斯、发罗拉;保加利亚的瓦尔纳、布尔加斯;罗马尼亚的康斯坦察;土耳其的伊斯坦布尔;希腊的比雷埃夫斯、塞萨洛尼基。空军基地有:阿尔巴尼亚的地拉那;罗马尼亚的康斯坦察;保加利亚的索非亚、托尔布欣;南斯拉夫的卢布尔雅那、尼什、斯科普里等。

1999年,因科索沃问题引发了以美国为首的北约对南联盟的野蛮轰炸,2008年,科索沃宣布独立,美、英等国予以承认。

※巴尔干半岛地处欧、亚、非三大洲之间,是欧亚联系的桥梁

第一次世界大战前的巴尔干半岛

惨烈东征路

砍断神庙的结

公元前334年的5月1日，亚历山大集合了马其顿和希腊的军队，包括步兵三万两千人，骑兵五千一百人。其中成为他的主力的，就是菲利浦花了一生心血训练成的马其顿国民军，约占全军人数的三分之一。他们从多拉及亚出发，用二十天就抵达了赫勒斯滂海峡（即达达尼尔海峡），向海峡的对岸遥望则可以看到波斯的领土。步兵和骑兵合起来有一万多人的先遣部队在这里会师，另外有一百六十艘希腊舰队已经停泊在港口待命，一切的准备都已完成。

赫勒斯滂海峡只有五千米宽，春天涨潮的时候需要特别注意。各种军事装备以及马匹和工程器材等，都由平底船运送到对岸。波斯的海军也相当厉害，可是他们没有想到马其顿的军队已经离他们这么近了，在措手不及的情况下不但没法反击，甚至连防卫的力量都没有。渡过海峡时，也是马其顿军力最容易受到打击的时候，这可以说是千钧一发的危险时刻。可是在这么重要的时刻，亚历山大却把这个任务交给他的副将

※征战似乎是亚历山大的全部

◇ 图 说 名 人 ◇

名人名言

狮子率领的羊群的战斗力，远胜由绵羊率领的狮子的战斗力。

——亚历山大

巴门尼欧,而自己却和他的几个要好的朋友把船驶向南方,在特洛伊的地方靠岸,向埋葬在那儿的英雄奠酒致敬。亚历山大和他的朋友心平气闲地在这儿打算去朝拜奥德修斯的墓地。在最危险的时刻,整个大军的最高指挥官却不在,一旦波斯发动积极的攻势,马其顿的军队将立刻被击溃。

可是对亚历山大而言,此行的意义非常重大。当他的船靠近特洛伊的海边时,他全副武装地站在船头,把手上的矛掷向对岸,这是他对自己所征服的土地的一个宣言,也可以说是他征服的标志。这块土地是亚细亚洲的一角,一直绵延到波斯,然后伸展到印度。当时的亚历山大可能预感到他将征服这整片的土地,因而才有这种戏剧化的举动。

亚历山大幼年时就喜欢读荷马的史诗。他从史诗中认识了特洛伊这块土地,这是他神驰之所在,如今却亲临此地。这是奥德修斯的土地,亚历山大以非常虔诚的心情要去一睹奥德修斯的神殿中陈列着的古代兵器。亚历山大希望祭司能够把这套兵器送给他,祭司迫于他的威严只能答应。后来他一直很珍惜地保存着它,在作战的时候,他命令一个人站在他身边捧着这些兵器。在他的眼中,这些兵器极为神圣,是古代英雄灵魂的象征。在

※《荷马史诗》中记述的木马屠城的故事图

征服者——亚历山大

※亚历山大大帝石棺中，骑马的亚历山大大帝正扑向波斯骑兵的雕刻

往后的若干年里，在某一次战役中，亚历山大受伤很重，几近垂危，最后还是靠着特洛伊的盾保全了性命。

对亚历山大而言，东征的意义就是将特洛伊的精神再度显现，重振奥德修斯的英名。他这种罗曼蒂克的想法就是使他节节胜利的原动力。在越过赫勒斯滂海峡的时候，他没有做战略上的考虑，当时燃烧在他心头最激烈的情感是对古代英雄奥德修斯的崇拜。

马其顿军队攻打波斯并不是突然间的事，因为马其顿早就扬言东征了。

在小亚细亚北端的达利阿斯，波斯的军队指挥官召开了作战会议。在很久以前，波斯的指挥官就分为两派：一派主张和马其顿的军队对阵，向侵略的军队迎头痛击；另一派则主张焦土政策，一面佯装退败，一面引诱马其顿的军队赶上，然后在他们缺乏补给的情况下予以迎头痛击。提出后一项战略构想的是希腊的佣兵美姆隆，可是这项意见却不容易被接受采纳，因为它对当时拥有广大领土的贵族和耕作的佃农来说是很不利的。因此，波斯军队只好放弃了对波斯十分有利的焦土政策，决定和希腊军队正面交战。对于亚历山大来说，这却为他提供了有利的战斗条件。

两军隔河相望，就兵力来说势均力敌。亚历山大统率着四万七千名的军队，而波斯方面也有三万五千名左右的大军。大体说来，亚历山大略占优势，而波斯的边防军队在人数和素质上较为逊色。在亚历山大的传记中，曾经提到这次战争开始时，他手下的大将巴门尼欧希望在第二天早上亲自诱敌，可是巴门尼欧的这项意见却被亚历山大一口否决了。对亚历山大来说，渡过格拉奈卡斯河是轻而易举的事，用不着大费周折。

据正史的记载，自此以后亚历山大就毫不停留地开始战争了。他的许多作战计划每每和巴门尼欧的意见相左时，他对巴门尼欧的稳重、保守作风都不甚赞同，他的战略是积极而迅速，狂热的冒险胜于

53

审慎的保守。

第二天早晨天色微明的时候，亚历山大率领右翼的骑兵部队开始冲锋陷阵。他带着头盔，上面有白色羽毛的装饰，正好是敌人攻击的目标。

渡过河后，全军奋力地爬上滑溜的高坡，还未来得及编队就要和敌军短兵相接，展开非常激烈的肉搏战。亚历山大和波斯的勇将史比斯里戴提近战时，可说是东征十年中最令人惊心动魄的一场战争。当时的场面激烈无比，亚历山大自己的短剑不幸折断，他立即从侍从手中又接过一把短剑，对方的枪刺穿了亚历山大的盾，亚历山大毫不畏缩，持剑直向史比斯里戴提刺去。在旁边目击的将士们，不管是波斯人还是希腊人都为亚历山大的勇猛表现大声喝彩。

这时亚历山大的短剑又折断了，史比斯里戴提却丝毫没有受伤，史比斯里戴提身影一闪，又一次地从亚历山大的背后持刀朝亚历山大劈去。在这千钧一发的瞬间，亚历山大的好友克莱塔斯连忙用长枪刺穿了史比斯里戴提的身体，救了亚历山大一命。

到了这个时候，波斯的骑兵队已经完全崩溃。波斯人雇的希腊佣兵眼见大势已去，希望能向亚历山

※波斯帝国也曾盛极一时，此为波斯帝国纯金酒杯

大投降，可是亚历山大不肯接受，仍然不停地发动攻击，亚历山大认为希腊人不应该帮波斯人打仗，把这视作通敌行为。不过，亚历山大事后检讨，却认为他这次对希腊佣兵的处置有欠妥当。

这一决战后留下许多善后的问题。亚历山大处理了两名希腊的佣兵。他对佣兵们说："自己人和敌人相通反过头来打自己人，就是犯了通敌的罪名。"亚历山大把这批人送回马其顿，强迫他们服劳役。在另外一方面，亚历山大掳获了波斯军队的一百件甲胄，当成战利品送到雅典的神殿，以"亚历山大"和"希腊人"的名义捐献。他认为这次东征并不是完全以马其顿为中心的战争，而是全体希腊人的报复战争。他一直强调的这种"大义"

征服者——亚历山大

名分确实收到了政治宣传效果。为了防止希腊人趁东征的时候叛乱，他在这次东征中带了不少的希腊人质随军东行。亚历山大在第一次战役中就赢得了胜利，这对他有很大的帮助，小亚细亚西部的都市也不敢再抵抗。亚历山大被当成他们的解放者，而亚历山大也保证将为他们带来自由与民主。在波斯的南部有一个重要的都市，是由一位希腊佣兵的队长美姆隆所驻守，他本来准备投降，但是后来听说波斯舰队将很快赶来支援，他的态度马上转变，率领全军奋战到底。

亚历山大很快地召集了所有的舰队，在敌方的舰队尚未到达之时，将米利多斯港予以封锁。他希望在时间上抢先三天突破这个难关，绝不能轻易地和对方妥协，因为妥协等于是承认了他背后的敌人。

但经过一番考虑之后，亚历山大还是解散了他的舰队，而将主力放在陆军的攻略上。他认为海军舰队所花的经费太多，作战的时候在质和量方面都非常薄弱，发挥不出多大的效用。他不打算跟波斯舰队在海上正面遭遇，而希望在陆地上先把他们击溃。他抢先占领了每一个港口，使波斯的军队没有办法停泊和登陆。亚历山大在这次战争

中赢得了最后的胜利，但海军并未得胜，只是在陆军方面征服了叙利亚和腓尼基。以后的一年间，波斯军队在海上仍然非常活跃。半年之后，亚历山大坚决主张将解散的希腊舰队再次组织起来。

巴利卡纳索斯是一个繁华的商业都市，位于小亚细亚的西南端，在战略上非常重要。在这次战役之后，希腊的佣兵队长美姆隆确认这个地点适合于长期防守，因此建造了两层到三层的城墙，固若金汤，使敌人很难攻下来。这不但可以确保波斯舰队的根据地，而且能够长期和亚历山大作战，使波斯方面能有机会再度总反攻。波斯王大流士三世到这个时候也不得不承认这个佣兵队长的战略才能，而将小亚细亚的作战与防

知识链接

小亚细亚

土耳其的亚洲部分被称为安纳托利亚，又名小亚细亚或西亚美尼亚，是亚洲西南部的一个半岛，位于黑海和地中海之间。现时安那托利亚的全境属于土耳其。但亚美尼亚及争取独立的库尔德斯坦都宣称拥有该半岛的部分或全部主权。

卫交给他全权指挥。

亚历山大在巴利卡纳索斯还是第一次见到这么坚固的都市，城墙外面还挖了非常深的护城壕。亚历山大命令士兵取出攻城用的各项工具及兵器，希望能够把墙壁挖出一个洞，但是遭到美姆隆的猛烈反击，最终只能是徒劳无功。在这次战争中，美姆隆显得比亚历山大更为高明。有一次夜间的攻击，亚历山大终于突破了城墙进攻到市内，可是他完全没有想到外城墙里面还有一层更厚的城墙，因此遭受到非常猛烈的反击，几乎使他派出去的军队全军覆没。因为这一次的损失，亚历山大不得不停下来休息一段时间。在亚历山大使用攻城的兵器时，对方就从市内放出火箭，亚历山大的军队还没有过这种作战经验，心里感到非常害怕，几乎想逃回希腊去。

美姆隆最后并没有接受投降的劝告，他把整个都市放火烧掉，命令所有的将士分散逃出城外。虽然这座城是弃守了，但是他还是决心继续抗战，亚历山大实在没有耐性和他继续纠缠下去，因为这已经使东征的预定计划延后了许多。

当亚历山大进入这座空城之后，里面已经变成一片焦土，攻城战虽已结束，但零星的抵抗直到一年以后才完全停止。

远征开始的第一年的冬天，在巴利卡纳索斯苦战之后，亚历山大料定不会有重大的战事发生，他希望给年轻的士兵们一个回国休假的机会，因为当时有许多的年轻将士都是新婚不久，亚历山大让他们能够在这个时候回去团圆，预定明年的春天再补充部队重新编组。经过一番休养之后再度出发，这是颇有人情味的一项措施，其他大部分部队也是在冬天休息。巴门尼欧率领着大军在萨尔德伊斯的地方扎营。这个都市没有受到战火的波及，兵士们能够在这里好好地休息一番。

在这个冬天，亚历山大并没有休息，他将沿海一带平定下来之后，再由内陆北上。到了第二年的春天，所有的将士们又再度集合，亚历山大率领的军队进攻了小亚细亚的西南部，夺下了波斯帝国不少的海军基地。

沿途经过的地方都是人烟稀少、荒凉寂寞的高原，走了很长的一段距离才重新看到绿野平畴。这已经是通往波斯王朝的道路了，在这条道路经过的地方有一个古都葛尔堤欧，亚历山大预定在这个地方再度集合他的军队。当地有一个古老的传说：此地有一座宙斯神庙，庙前放着一辆古老的车子，有具牛

征服者——亚历山大

轭系在古车辕上，并在车子上打了一个结，这个结打得非常巧妙，任谁也没有办法解开。久而久之就流传着一个预言，打开这个结的人将是亚洲的征服者。

这个结的谜面究竟意味着什么呢？可能是暗示着人间的斗争自古以来就复杂万端，是存在世界上最难解开的一个结，而这个结往往是没有办法解开的，这个结含有极为深刻的意义。

亚历山大在出发的前一天来到了宙斯神庙前，他忍不住想要接受这个结的挑战。此事立刻引起轰动，在许多围观者的面前，他一心想把这个结解开，可是怎么也解不开，他一时情急，从腰间拔出短剑，"唰"的一声，结被砍断了。他不是耐心地去慢慢解开，而是采用快刀斩乱麻的方式，这是否意味着他的帝国能马上得之却不能国祚绵长呢？不过，围绕在亚历山大身边的人仍然为他们的国王喝彩。

知识链接

宙斯神庙

古都葛尔堤欧的宙斯神庙是为了祭祀宙斯而建的，是一座古希腊的神庙。古代的神殿一般是以表面铺上灰泥的石灰岩建成，殿顶则使用大理石兴建而成。宙斯神庙尤以象牙和黄金的塑像而闻名于世。

宙斯神庙是伊奥尼亚风格的建筑，后来改用了科林斯式石柱风格，而且一概使用大理石。和众多的古希腊神庙一样，此处的宙斯神庙也遭受严重的破坏，104根柱子中仅存13根。现在该宙斯神庙只留下断壁残垣，我们已经无法看到该宙斯神庙的原始形态了，只能通过一堆废墟来想象当时的辉煌。

宙斯神殿是古希腊人举行宗教仪式的地方。目前这个地方尽是一片黄澄澄的丘陵，但是在古希腊时期，四周环绕翠谷和清冽溪水，景境幽雅，不远处更有一座密林，绿意浓郁，林中小径两旁更是花木扶疏，争奇斗妍，美不胜收。

※ 宙斯像

波斯的反抗

公元前333年的春天,美姆隆以柯斯地方为据点,与亚历山大进行非常猛烈的战斗。他拥有非常优秀的海上舰队,而这个时候的亚历山大却把希腊的舰队解散了。因此在海上的战斗中,美姆隆完全占上风。这时,小亚细亚沿海诸岛都争相和美姆隆结盟。

美姆隆不但有波斯的支援,同时也获得雅典的首肯,双方私下有秘密的协定;此外他更积极地希望能够直接打到马其顿本土,但是小亚细亚战云密布,他不敢轻易尝试这项大胆的计划。在整个战争

※美姆隆拥有优秀的海上舰队

征服者——亚历山大

中,他只是牵制住亚历山大的力量,这对他来说是不能满足的。他最大的愿望是要把战场从小亚细亚再搬回希腊本土,尤其是马其顿本土。

他这种想法是不是有实现的可能性呢?这是谁也无法回答的问题,因为美姆隆壮志未酬身先死,他还没有完成理想就撒手西归了!他的早死使小亚细亚的情况立即转变。虽然美姆隆的部下继承了他的遗志,可是人算不如天算,又横生了许多枝节。美姆隆的死对大流士三世的打击极大,使他感到如失左右手,因此作战方针也变得消极退缩。当时他本来想以两万名的佣兵全部投入美姆隆的攻击战中,可是事到如今又改变了主意。美姆隆的死大大减小了亚历山大所受的威胁,这对亚历山大而言是再幸运不过的事了。

当时的亚历山大还不知道美姆隆已经去世,他正在为当时的战局忧烦呢,可是他仍然选择挥军前进。这块领土虽然是属于波斯帝国的,对波斯的皇室而言不过是鞭长莫及,徒具形式罢了。亚历山大没有太多的时间在此地多做停留,他马上沿着巴利斯河的左岸向南部进军。亚历山大向前远眺,只见山林耸翠,插入云天,将士们蜿蜒前进。将士们凝望着前面的高山绝

谷,愈走近山区愈感到它的雄浑和难以攀越,这就是有名的通往亚洲的关口,它是一道天然的屏障。

"其利其亚门"就是通过这座山的关口,它是自古以来兵家必争的险要之地。这里的山路非常狭小,无法通过四个人并行的横队。据传说,没有一个进攻的敌人能够顺利地通过这个险要的关卡。如果此地的指挥官下定决心坚守的话,那么哪怕亚历山大有三头六臂,恐怕也难以通过。但是,这儿的指挥官却采用美姆隆当初的焦土政策,坚壁清野,不留任何物资,用一把火将整个富饶的平原烧成焦土,火势一直蔓延到当地的首府,这是背水一战、置之死地而后生的做法。

但是,这次的焦土政策可以说是完全失败了,因为他没有把握好时机,在最险要的其利其亚关卡,波斯的守卫不战而逃,使亚历山大不费一兵一卒,就带领着所有的军队浩浩荡荡地进入了亚洲大门。这么顺利地通过此地,这真是完全出乎亚历山大的意料。

美姆隆死后,小亚细亚的防卫已经瓦解了。波斯王大流士三世准备率军西征。这时的亚历山大可能已经听到了美姆隆死亡的消息;而大流士三世倾全国之师率兵亲征,相信还要花上一段时

间才会准备就绪。

就在这个时候,发生了一件意想不到的事。亚历山大经过长途跋涉,又因小亚细亚烈日的炙晒,终于体力不支,他却没有察觉到自己的身体已经过度疲劳。有一天他在息德纳斯河中沐浴,忽然感到强烈痉挛,当场昏迷过去,失去了知觉。他的手下非常慌张,赶紧把亚历山大从水中救起,送回休息地。过了一会儿,亚历山大苏醒过来,但他的体温很高,很可能得了急性肺炎,生命似乎危在旦夕。他的医生们没有一个敢替他治病,万一治不好反会被诬陷为故意置王于死地。这时候,有一个名叫费立蒲的医生勇敢地挺身而出,他告诉亚历山大,他下的药很重,很可能有强烈的副作用。在获得亚历山大首肯之后,他开始着手调药。就在这时,巴门尼欧递给亚历山大一封又一封告密的信,这些信的内容都说费立蒲医生受波斯王大流士三世收买,想加害亚历山大。

亚历山大正在看信,费立蒲医生把调好的药端了过来,亚历山大面不改色地把药喝下去,然后把手上的信递给费立蒲医生看。费立蒲医生看完信以平常的口吻回答说:"只要喝了我的药,一定会好的。"他的药果然奏效,亚历山大很快便康复了。一方面是费立蒲医生妙手回春,另一方面是因为亚历山大能够信赖他才能恢复得这么快。亚历山大生病期间,在塔鲁索斯足足停留了有两个月之久。他先派出巴门尼欧占领了"其利其亚门",同时他自己又进行了一次小型的远征,到达了索罗伊的城市,平定了沿海一带的叛乱。经过这次小规模的战役,他对自己的健康又恢复了自信。

※卢浮宫阿帕纳达宫的柱头

征服者——亚历山大

伊索斯战役

亚历山大的传令兵突然飞快地赶来，报告一个最新的消息。原来波斯王大流士三世正率领着大军停留在"叙利亚门"处，那儿离亚历山大所在地只有两天的行程。亚历山大听到这个重要的消息后，立刻和将领们讨论袭击的计划。他把伤残的兵士们留在伊索斯，然后以最快的速度沿着叙利亚南下，用两天的时间赶了一百一十千米的路程。第三天，亚历山大已经十分迫近"叙利亚门"了。

※波斯王大流士三世

从巴门尼欧在索克伊发现波斯军队以后，已经过了四天的时间，波斯王大流士三世料想亚历山大一定会经过"叙利亚门"赶来的，因此选择了阿其利亚平原作为战场。这里的地形对波斯大军展开作战十分有利，可是等待了一个月之久后，大流士三世有点按捺不住了。

当波斯军队获悉亚历山大在其利其亚患病的消息时都非常高兴，对这次的战役跃跃欲试。即将到来的显然是非常重要的一场战役，两军都摩拳擦掌，急于向对方耀武扬威。这时波斯大军越过了高山，向伊索斯而来。可是亚历山大却掉以轻心，对这么危险的山路缺乏警戒。

波斯军队对亚历山大留下的伤残将士给予非常残酷的报复。这使亚历山大感到非常震惊，他没有想到波斯军队会这么快就出现。他派人到前面去观察波斯军队的阵营，只见波斯军队扎营的地方营火遍野，看来人数的确不少。

亚历山大面对着这个危机，必须拿出一个办法来。只有速战速决、突破现状，才能对自己有利，多一分踌躇就多一分危险，因此亚历山大很快地下定决心，要迎战波斯军队。

伊索斯这个古战场就是现在叙利亚的北部，伊索斯的南方靠近

※蒂蒂斯女神

平内拉斯河河畔。波斯军队据大河之险，对防御一方来说是十分有利的。但因为面临大河，使阵容强大的波斯军队很难在这狭小的平原上展开，只得化整为零。这一点对亚历山大来说倒是非常幸运的。

根据史书的记载，在战役开始之前，亚历山大深感不安，不停地向蒂蒂斯女神祈祷。蒂蒂斯是海里的女神，也是希腊英雄奥德修斯的母亲。奥德修斯在他最困难的时候曾经对着大海痛哭，亚历山大自比

征服者——亚历山大

※伊索斯壁画中记载的大流士三世与亚历山大的战争画面

是奥德修斯，从这一点就可以很明显地看出来。

这次战役，亚历山大能够获胜的原因就在于他所率领的骑兵部队能够英勇作战，发挥出强大的攻击力，因为亚历山大能够激起他们强烈的斗志。从这场战役可以看出亚历山大的个性，他在战场上充分地发挥了他那富有激情的个性。亚历山大的骑兵部队右翼渡河之后，列成楔形的战斗队形，像箭一般地从斜向攻入了平原中央的阵式中，根据波斯军队战列的排法，最高指挥官正好位于中央。

波斯王大流士三世的弟弟欧克萨多利斯以骁勇善战著称，他紧随在波斯王的身旁，保护着国王，勇敢地同敌人作战。可是亚历山大的骑兵部队战斗力旺盛，波斯军队还是不是他们的对手，没有多久的工夫，大流士三世战车附近的护卫士兵已经死伤累累。双方的士兵个个奋不顾身，拼命地厮杀，决心要分个高下。

伊索斯战役，波斯军队并没有占得地利。那是一块细长的海岸平原，受到山势和海洋的天然限制，波斯军队无法展开，因此很容易受到对方的包围。

当时波斯的主力——骑兵部队大约有三万人左右。亚历山大只有七千人而已，但是亚历山大的军队非常迅速与敏捷，他们采取迂回包围的战术，使波斯军队屈居下风。同时亚历山大的战斗部队分左右两翼，作雁行的排列，将重装骑兵和轻装步兵混合编制，同时还有希腊盟军和佣兵部队殿后，以支援前锋部队，亚历山大这种阵式并不是传统的方法，而是最新的战斗队形。

马其顿的步兵向波斯的希腊佣兵进攻，战况非常激烈。晚秋的黄昏战尘飞扬，天色已经愈来愈暗。就在这个时候，马其顿骑兵部队的左翼也向敌军中央攻入，受到两面挟持的大流士三世一看大势已去，只好落荒而逃。波斯王大流士三世充满了恐慌的眼神，与目光炯炯的亚历山大正好不期而遇，短暂对视后，波斯王在马车上猛力挥鞭，飞快地逃跑了。在混乱中发生的这戏剧性的一幕，后来在庞贝出土的图画中被栩栩如生地描绘出来。

波斯王大流士三世已经落荒而逃，亚历山大在后面紧追不舍，约莫奔驰了三十千米，最后波斯王逃进阿玛洛斯山中，亚历山大才勒住了马缰，停止了追击。

波斯军队逐渐土崩瓦解，丧失了国王的波斯大军纷纷作鸟兽散。亚历山大统帅的马其顿军队，取得了这场战役的胜利。

知识链接

大流士三世

　　大流士三世是传世的波斯王，其他的波斯君主都只通过浮雕和钱币上千篇一律的侧影而流传下来。

　　1831年，意大利那不勒斯王国发掘古罗马庞贝遗址的过程中，发现了保存相当完好的一幅壁画，这就是著名的"伊索斯壁画"。伊索斯壁画长5.82米，高3.13米，由50万块小马赛克组成。考古学家将壁画完成的年代定为公元前2世纪晚期，史学界普遍认为这幅壁画是模仿古希腊画家菲罗玄在公元前310年为马其顿当时的国王卡桑德所作的一幅油画。壁画表现的是伊索斯战役的最后时刻，左边是亚历山大正率领近卫骑兵冲锋，他手中的长矛将一个波斯骑兵刺穿；右侧是高居战车之上的波斯王大流士三世，以及簇拥在他周围的禁卫军。大流士三世身体前倾，两眼圆睁，满脸是震惊和难以置信的表情。他的车夫拼命挥动马鞭，驱使战车掉头逃命。伊索斯壁画作为西方古典艺术的代表作闻名世界，而大流士三世的形象也因此为千万世人所熟悉。

　　西方古典史料称这位末代波斯王为"大流士三世科多曼"。科多曼显然是希腊人对大流士三世本名的蹩脚音译。古巴比伦文献显示，他的本名叫作阿塔沙塔。大流士三世大约生于公元前380年，他的祖父是波斯王阿塔薛西斯二世的兄弟，而他的父母是堂兄妹关系，这种近亲婚姻在波斯王朝相当常见。史载大流士

知识链接

三世身材高大，相貌英俊，这与伊索斯壁画所描绘的波斯王形象相符。据说亚历山大进入波斯首都苏萨的王宫，坐上大流士三世的宝座，非常尴尬地发现自己双脚悬空，随从赶忙拉过一支矮桌给他垫脚。

据迪奥多罗记载，大流士三世在继位以前是享誉波斯帝国多年的勇士。当时还是阿塔沙塔亲王的大流士三世跟随波斯王阿塔薛西斯三世征讨卡都西亚人的叛乱，两军对阵之际，敌方出来一位最优秀的武士，要求同一位波斯贵族阵前单挑。当时波斯王周围数十个贵族畏缩不前，最后是阿塔沙塔出阵应战，经过搏斗将对手制服。波斯王大悦，当即封他为亚美尼亚总督。阿塔薛西斯平定卡都西亚叛乱是公元前343年至前338年间的事情，此时的阿塔沙塔已是不惑之年了。

阿塔薛西斯三世王朝后期，大宦官巴古阿把持朝政，阿塔沙塔作为重臣虚与委蛇，逐渐获得巴古阿的信任。后来巴古阿相继毒杀阿塔薛西斯和王储阿西斯，波斯王室成员凋零殆尽，王位继承就轮到了旁支的阿塔沙塔亲王。公元前336年春天，阿塔沙塔登基，正式采用大流士这个称号，史称大流士三世。大流士三世即位时间不长，巴古阿就发现他难以驾驭，于是又打算故伎重演，给大流士三世准备了一杯毒酒。早已洞察巴古阿阴谋的大流士三世将自己的酒杯和巴古阿的对调，然后命令他一饮而尽，这个臭名昭著的阉官就此悲惨地死去。

大流士三世继承的波斯帝国衰落已久，帝国主要产粮区埃及已经独立多年。大流士三世登基不久就组织征讨埃及。他只用六个月就集结了一支波斯大军，结果一举荡平埃及，使帝国气象为之一振。这年四十四岁的大流士三世年富力强，锐意进取，在内政外交上展现了不同凡响的胆识和魄力，无疑是波斯帝国期待已久的中兴之主。然而就在大流士三世即位以后几个月，在遥远的希腊半岛北部的马其顿王国，一位年仅二十岁的青年即位国王。这个名叫亚历山大的青年最终将颠覆大流士三世的帝国社稷，使大流士三世的壮志宏图付之东流。

古典史家笔下的大流士三世，性格温良敦厚，虽有勇士的美名，但本质上并不是一个好斗的人。科丘斯认为他处事公正，慈悲为怀，对支持他的人异常诚恳关爱，是一个富有责任感的慈父领袖。亚里安则毫不客气地指出大流士三世的性格缺陷：他偏听偏信，事到临头缺乏胆气，情绪波动剧烈，容易振奋，也容易

知识链接

气馁。作为一个军事统帅，这些无疑都是致命的缺陷。但正是这些弱点，让大流士三世更具有人性化的色彩，相比之下亚历山大却缺乏一点人情味。

从亚历山大登陆小亚细亚的那一刻开始，幸运之神就似乎和亚历山大朝夕相伴，而沉重打击一个接一个地落到大流士三世头上。先是波斯将领在格拉尼克斯河拙劣的指挥，葬送了整个波斯小亚细亚的军政领导层；接着最为倚重的美姆隆壮志未酬身先死，彻底打乱了大流士三世的战略部署。科丘斯记载，当大流士三世得知美姆隆的死讯时异常沮丧，好几天不能视事。不过他很快振作起来，亲率大军前去迎战亚历山大。伊索斯战役开局阶段，大流士三世指挥波斯军队进行的战略运动，可谓用兵如神，欲将对手置于死地，然而波斯步兵素质的低劣断送了大好局面。伊索斯战役的失败也使大流士三世所有的亲人落入敌手，对他来说，这个打击比丧失一支军队还要沉重。

科丘斯记载，伊索斯战役以后，大流士三世的精神并没有被击垮，他立刻着手重建波斯军队，没有浪费一天的时间。值得注意的是，虽然大流士三世在伊索斯战役丧失数万兵士，但他的统治基础依然稳固，那些拥兵自重的波斯贵族依然聚拢在他的周围，听候他的调遣。大流士三世用两年的时间就重建了一支庞大的军队，相比之下他的先祖薛西斯集结大军远征希腊准备了五年时间，而那时正值波斯帝国的鼎盛时期。史学家公认，大流士三世组建的大军，无疑是波斯帝国一百多年来装备最精良、战术最先进的一支军队。在卡乌卡美拉战场上检阅部队的大流士三世，正处于他一生中最辉煌的时刻，可悲的是这个辉煌转瞬即逝。

就在卡乌卡美拉战役爆发的前几天，一个从马其顿大营逃出来的波斯宦官给大流士三世带来噩耗——他的王后斯塔蒂拉几天前病死。斯塔蒂拉的死因众说纷纭，有些古典史料直言不讳，记载她是难产而死。古典史家一方面极力塑造亚历山大崇高的形象，说他对波斯王室执礼甚恭，对有波斯第一美女之称的斯塔蒂拉从不多看一眼；另一方面却老实交代她死于难产，这种春秋笔法令人解颐。斯塔蒂拉和其他王室成员两年前就沦为亚历山大的人质，因此她怀的孩子是谁的自然不言而喻。大流士三世得到消息后悲痛欲绝，断定王后是被亚历山大处死。报

征服者——亚历山大

知识链接

信的宦官颇费了一番口舌才让大流士三世明白,斯塔蒂拉是病亡,而亚历山大依照波斯礼仪将她厚葬。这里大流士三世再次展现他温良敦厚的性格,写信给亚历山大表示感谢,并在战役前祷告自己死后,波斯将被一位仁慈的征服者统治。

大流士三世从来就不是一个纯粹的斗士,这是他跟亚历山大最大的区别。直到卡乌卡美拉战役前夕,大流士三世还在想方设法和平解决争端,为此不惜割地赔款和亲。他在最后一次的求和信中称亚历山大为"陛下",已经放下了波斯王的身架。大流士三世在信中以一个长辈的口吻规劝亚历山大,幸运之星不会永驻,一个人越是荣耀,就越容易引起别人的羡妒。如同轻灵的飞鸟不由自主地被气流带到高空,亚历山大谨防被年轻人的虚荣心所蒙蔽,因为在他这个年纪没有什么比控制自己的虚荣心更加困难的了。

亚历山大相当冷酷地拒绝了大流士三世的请求,他回答说,波斯王正在许诺并不属于他的财产,他同意分割的土地早就失去了。亚历山大让大流士三世准备决战,因为世界容不下两个大帝。

※ 大流士三世更倾向于和平解决争端,但亚历山大却拒绝了大流士三世的请求,让他准备决战

拒绝与大流士和解

波斯王的穷奢极欲，即使在战场上也可以看出一斑，对过惯了朴素生活的马其顿军队而言，简直令他们瞠目结舌，不敢置信！不知道有多少镶宝石的日用品遗留在战场上，令人目眩神迷，甚至连极为豪华的浴缸都被带到战场上来。亚历山大看到这种情景，对左右的人感慨地说："这才像一个帝王的生活！"在这次的战役中，亚历山大俘获了大流士三世的家属，包括他年老的母亲、王妃以及孩子们。亚历山大对这些王族们礼遇有加，使他们减少了沦为阶下囚的自卑感。对于这些高贵的"战利品"，亚历山大却没有任何政治上的目的或者企图染指的淫念。

当亚历山大攻略北部叙利亚各都市的时候，曾经接到大流士三世的投降书，这是伊索斯战役后不久的事。波斯王的要求非常简单，第一是希望送还被俘的家族，第二是维持友好同盟的关系。

可是，亚历山大回信中的措词却非常严厉，信中说："这次大举进攻波斯并不是报复希波战争之耻，而是由于父亲菲利浦被暗杀以及波斯对父王菲利浦露骨的敌

※大流士的妻子及子女在亚历山大大帝面前

征服者——亚历山大

对行为。波斯曾经不惜以巨额金钱来分化希腊诸国,为了釜底抽薪,斩草除根,我才倾全国之师前来讨伐。"

接着他又很不客气地说:"……今后,你若要再呈书,就应当以写给亚洲盟主的态度才行。我们之间绝不是平等的地位,现在我已经拥有你全部的财产,你如果还想以一个帝王自居的话,那么就不应该逃走,就该留下来和我一决高下,所以即使你逃到天涯海角我也绝不会放过你的。"

这个时候的亚历山大已经感觉到,统治亚洲的大业近在眼前了。

可是,亚历山大并没有充裕的时间将全副精力都耗费在追逐大流士三世上,因为波斯的海军仍然是牵制亚历山大的一个因素。虽然亚历山大已经另组了希腊海军,也在一定程度上抑止了原先十分活跃的波斯海军,但是釜底抽薪的办法就是先去平定成为波斯海军基地的叙利亚和腓尼基。如果不能把这个问题彻底解决,亚历山大陆上的补给线将很容易被对方切断,从而遭受到腹背受敌的危险,到那个时候,亚历山大的处境就很危险了。在战场上一着错就全局输,因此每一个步骤都要经过缜密的计划才行。当务之急就是要控制地中海的东部,包括埃及在内。

※亚历山大统治亚洲的大业中,控制地中海东部地区是海战中的关键一步

太尔城的攻防战

腓尼基的最大商业都市就是太尔城。它和腓尼基本土的旧都市完全不同,它是一个完全离开大陆的岛上都市。现在来看这个岛已经和陆地相连,可是在亚历山大的时代,这里是一个离岛。岛的周围有四五千米的海域,有很高的城墙围绕,当地的市民常常扬言太尔城是易守难攻的都市。亚历山大获知太尔城所供奉的神祇美鲁卡鲁特和自己的祖先贝那克利斯有关,因此很希望能到太尔城的神殿去参拜。当他把这个意思传达给太尔城的市民时,当地的市民很委婉地回答说:"如果大王希望上神殿的话,我们相信希腊本土的神殿应该比较适合。"

这个答复可以说是十分委婉的拒绝,由此可知当地人民对亚历山大抱着非常强烈的反抗意识,也许当地市民已经察觉出亚历山大只是以此为借口,而行侵略之实。既然外交上的交涉未能如愿,看来只有诉诸武力了。公元前332年的1月,双方终于点燃了战火。

亚历山大一经决定的事情就要克服一切艰难险阻去做,不达目的绝不罢休。首先他动员了全体将士去搬运砂石,又从山中砍下许多木材,准备在海上建造一个工程十分浩大的堤防,使陆军能够顺利地攻进岛上去。

※腓尼基人使用的金币

征服者——亚历山大

太尔城的市民对亚历山大此举嘲弄不已。在他们看来，亚历山大把所有的将士都变成建筑工人无疑是劳神费力。亚历山大使用攻城塔向太尔城进攻，箭像骤雨般射入敌方的阵营中。太尔城方面则用大量的可燃物，如硫黄等，向亚历山大的军队实行火攻，使得攻城塔燃烧起来，亚历山大的将士们不得不知难而退。

愈接近海岛愈是浪急风高，想要攻入非常困难。这时正是春天时节，汹涌的浪涛一波跟着一波拍打在尚未完成的海堤上，使得动员了许多人力而造出的海堤，在一夜之间就被海水冲毁了。虽然亚历山大又再次发动了大批人力把冲毁的海堤重新造好，可是事倍功半，这座海堤很难在战斗中发挥它的功用。于是亚历山大改变了策略，将两艘大型的船只联结起来，上面装有攻城棰，不停地撞击坚硬的城壁。太尔城的市民则顽强地抵抗，战况极为激烈。他们从城上将大石头投到装设攻城棰的船上，并且派潜水人员把船下面的锚弄断。他们使尽了各种方法来对付亚历山大。

在太尔城的攻防战中，双方都使出了最新的战术，这也是东征史上最具特色的一次战役。

太尔城从城里投出装有许多铁钩的绳子，企图将亚历山大的攻城棰拉倒，他们又把灼热的砂石倒在进攻将士的身上，使得将士们的皮肤起泡，失去攻击能力。总之，这一次的攻防战完全是双方斗智的战斗。亚历

※太尔城人的顽强曾经让亚历山大一度有了放弃攻城的打算

山大到了后来也感到疲惫不堪,有一阵子他几乎有放弃的打算。

可是经过七个月的围攻,太尔城已经弹尽粮绝,无法再继续抵抗下去。他们一直寄予厚望的波斯舰队迟迟未出现,太尔城陷落的日子愈来愈接近了。太尔城的舰队失败后两天,该城外侧的墙壁被亚历山大击破,他的将士攻入城中。然而,长期的艰苦作战使亚历山大兵损将折,有不少将士伤亡。因此,军队一进入城中就疯狂地要替死去的将士复仇,在恐怖的大屠杀中,一共杀了八千名居民,其中有两千人被钉在十字架上,沦为奴隶的妇女达三千人之多。

在太尔城攻防战还没有见分晓的时候,波斯王大流士三世第二次向亚历山大提出和解的要求,并愿意献上半壁江山。在伊索斯大战战败之后,整个小亚细亚的波斯军队一直往后撤退,太尔城战役的失败,使波斯王打算再度提出讲和的要求。这次除了有巨额的赔偿金外,亚历山大还可以把波斯王的公主纳为妃子,彼此缔结友好同盟,波斯同时表示愿意割让领土。

根据菲利浦过去的构想,现在亚历山大所征服的领土,已经到了他预定的极限,这个界限也是罗马帝国的势力深入小亚细亚的界限。

※ 太尔城遗址

征服者——亚历山大

这时的巴门尼欧认为,现在这个局面已经很令人满意,是应该接受波斯王求和的时候了。

巴门尼欧说:"假如我是亚历山大就接受和议,我不希望再冒无谓的危险。"可是亚历山大听了这句话后用挖苦的语气讽刺说:"假如我是巴门尼欧,我一定会接受的。"

亚历山大仍然拒绝了大流士三世的和谈要求。正在这个时候,大流士三世听说他的王后斯泰蒂拉死于难产,亚历山大以王后之礼将她厚葬。国破家亡,大流士三世的心灵受到重大的打击,心情之沉痛是可想而知的,因此,他再次下定决心势必要反攻,以洗雪耻辱。

亚历山大沿地中海南下到了最南端的地方,再次遇到了顽强的抵抗。这个地方就是卡萨,是一个自古以来就非常繁荣的商业都市,以买卖香料为主。这儿有一位阿拉伯的佣兵将领,名字叫作巴得斯。他自认卡萨据有地利,是易守难攻的地点。亚历山大再度使用攻击太尔城的种种方法来进攻卡萨。同时亚历山大在附近山丘上建筑了一个和敌人城墙同样高的军事据点,并用攻城塔向对方进攻。

另一方面,亚历山大挖掘地道,希望使对方的城墙陷落损坏,

这真是一项大规模的工程。这个方法似乎有了效果,卡萨的守卫军在激战两个月后终于投降了。由于战斗非常惨烈,经过两个多月的拼斗,当地的男人几乎没有一个活下来,统统战死了。

这个时候,亚历山大已俘获了身负重伤的守将巴得斯。亚历山大把他的脚绑在战车后面,然后快马加鞭,以很快的速度拼命往前冲,将巴得斯活活地拖死。亚历山大这么做,完全是模仿古代英雄奥德修斯的做法。但这件事情在正史上并没有记载。也许历史上不愿意把亚历山大残酷的一面暴露出来,因此就只字不提。但是我们相信,以亚历山大对古代英雄——奥德修斯崇拜的程度,他很可能做出这样的事情。这个传闻的可信度很高。

※亚历山大大帝是古代最著名的征服者,在战争中他也有残酷的一面

埃及的救世主

亚历山大的军队花了一个星期的时间，从卡萨到达了尼罗河三角洲的东边。当地的埃及人十分兴奋地欢迎亚历山大的到来，热烈程度可谓盛况空前，即使是驻守在当地的波斯军队也没有反抗，因此亚历山大兵不血刃就完全征服了埃及。

在公元前4世纪的时候，埃及人就身处波斯的统治下，经过好几次顽强的抵抗还是没有办法获得独立自由。公元前343年，亚尔特萨尔萨斯率领大军来攻，因此埃及只好屈服成为波斯帝国的属地。

亚尔特萨尔萨斯占领埃及之后，捣毁了许多埃及的神殿，并且屠杀了埃及人所尊敬的圣牛，把牛的肉拿来吃，由此可以想见埃及人对波斯人的憎恨程度！可是他们却不得不慑服于波斯的淫威之下。这些事情是在亚历山大抵达埃及之前三年发生的。

亚历山大对埃及人的传统信仰非常尊重，这和波斯王当年的作风简直是天壤之别。因此埃及人对亚历山大深具好感。埃及人流传着一个传说，他们认为埃及的法老因为受到波斯的压迫只好流亡在国外，当他死后就转世成为一个年轻的国王再度回国，并且解救了埃及人。这一种"救世主出现"的预言，使埃及人把亚历山大看作是他们自己的法老。这也是为什么埃及人这么疯狂热烈地欢迎亚历山大的原因了。

征服者——亚历山大

※埃及风貌

　　公元前331年，亚历山大在尼罗河畔，埃及首都孟斐斯附近的河口展开了调查工作，最后他在三角洲的西岸发现了一个港口，他认为这里非常适合于建筑一个新兴都市。亚历山大对这件事情非常热心，他花了很多的心血参加这个新都市的规划工作，并且指定广场的神殿位置，将这个新都市命名为"亚历山大港"。这并不只是形式上的命名，在这个新都市中的确存在有亚历山大的心血和他的期望。

　　都市计划细部的施工，亚历山大请了当时第一流的建筑家来完成。他希望这座都市能够成为世界第一流的都市，而且在规模上都是最美观、最华丽和最奢侈的。当亚历山大东征归国的时候，他在地中海沿岸留下的最大规模的礼物，就是亚历山大港。

　　完成了对埃及的占领，这次的东征到此告一段落。这一阶段战争的最大成果，就是亚历山大对自己的肯定。伊索斯战役后，波斯王大流士三世对亚历山大求和的时候，亚历山大就以"亚洲之王"自居，要求波斯王以臣子之礼来和他说话。

　　在这两年间，亚细亚沿岸的许

多都市在波斯舰队的煽动下都陆续叛乱，亚历山大逮捕了不少亲波斯的民众。

当时，亚历山大准备让哥林多同盟来判决这些人，而他当初所提出的尊重自治的宣言现在却被他的专制思想所取代，这表示亚历山大的权势欲愈来愈膨胀，他变得更为独裁。随着自身实力的逐渐壮大，他对身为哥林多的盟主已不再有兴趣。我们从他的行动上就可以得到最好的证据。

亚历山大在埃及停留的半年期间，曾经深入沙漠晋谒阿蒙神，这件事情使亚历山大更增添一层神秘的色彩。他进入荒凉的沙漠去到阿蒙神殿，其动机令后人产生许多的揣测，出现了许多夸大的解释。

亚历山大对新都市的建设和政治问题处理到一个段落之后，在公元前331年和他几个好朋友到沙漠中去晋谒阿蒙神殿，同行的还有

※ 古埃及的卢克索神庙遗址

征服者——**亚历山大**

一些使节们。当他们进入了沙漠地带之后,吹到脸上的热风和漫天的黄沙,使他们一行迷失了方向,到了最后,不但找不到水,连吃的东西也没有了。正在绝望的时候,鸟和蛇成为他们神秘的引导者,经过了三个星期的摸索才找到了阿蒙神殿。亚历山大为什么要冒这么大的危险,历尽千辛万苦到这么荒僻的地方去参拜阿蒙神呢?也许他的心里非常想知道他征服世界的可能性有多少,以及自己是否真是神的儿子,他希望能从阿蒙神那里求得答案。

从战场上的许多表现我们可以看出,亚历山大处处能从现实观点着眼,且能做冷静的思考和理性的判断。可是,在他的身边却又经常有许多占卜师供他问凶吉。这种矛盾的表现并不是没有道理的,一方面他相信占卜的凶吉,这在将士们的心里可以产生微妙的效用,这是他的政策之一;另一方面,他受了母亲对秘密宗教狂热的影响,他本身也非常相信命运之神,这一点是不容否认的。

另一种解释说,亚历山大这次和朋友们深入沙漠自有其政治目的,那就是他必须和外交使节们厘定国界,进一步确定友好关系。亚历山大本人对未知的事情充满了强烈的好奇心和难以抑制的冲动。这可能也是使他甘冒千辛万苦而急于解答他内心问题的另一动力。在他的心中有一种强烈的神秘力量支持着他,使他充满了自信,相信自己受神的恩旨而拥有不平凡的命运。

※阿蒙神殿

知识链接

埃 及

　　古埃及，一般指公元前32世纪左右至公元前343年，波斯灭亡埃及这段时间内尼罗河下游地区的埃及文明。古埃及是典型的水利帝国。

　　埃及地跨亚、非两洲，大部分位于非洲东北部。苏伊士运河东的西奈半岛位于亚洲西南角。西连利比亚，南接苏丹，东临红海并与巴勒斯坦接壤，北濒地中海，东南与约旦、沙特阿拉伯相望。海岸线长2700多千米。苏伊士运河是连接欧、亚、非三洲的交通要道。

　　主要湖泊有大苦湖、提姆萨赫湖以及阿斯旺高坝形成的非洲最大人工湖——纳赛尔水库(5000平方千米)。

　　全境干燥少雨，尼罗河三角洲和北部沿海地区属亚热带地中海式气候，1月平均气温12℃，7月气温26℃；年均降水量50毫米至200毫米。其余大部地区属热带沙漠气候，炎热干燥，气温可达40℃。年平均降水量不足50毫米。每年4月至5月间常有"五旬风"，夹带沙石，损坏农作物。全境大部属于海拔100米至700米的低高原。红海沿岸和西奈半岛有丘陵山地，最高峰凯瑟琳山海拔2637米。沙漠与半沙漠广布，西部利比亚沙漠，占全国面积的2/3，大部为流沙，间有哈里杰、锡瓦等绿洲；东部阿拉伯沙漠，多砾漠和裸露岩丘。

　　据自然条件的差异，一般把埃及分为四个地区——尼罗河流域及尼罗河三角洲地区、西部沙漠地区、东部沙漠地区、西奈半岛地区。开罗以南是宽约3千米至16千米的尼罗河绿色长廊，一般称为上埃及。开罗以北称为下埃及。亚历山大港和塞得港之间是尼罗河三角洲的冲积平原，面积约2万平方千米至4万平方千米。过去，尼罗河每年定期泛滥，给三角洲带来肥沃的冲积物。这里是埃及古文化的发祥地，是全国最重要的经济活动地区，埃及绝大部分人口集中于此，也是世界上人口最密集的地区之一。

　　尼罗河以西的西部沙漠又叫利比亚沙漠。它是世界最大的沙漠——撒哈拉沙漠的一部分，约占埃及面积的2/3。它的南部海拔350米至500米，大吉勒夫高原海拔1000米左右。中部和北部多洼地，以盖塔拉洼地面积最大。有地下水的洼地形成绿洲。

征服者——亚历山大

知识链接

尼罗河以东的东部沙漠，亦称阿拉伯沙漠。它直逼红海之滨，地势由东向西倾斜。红海沿岸多山，海拔1500米左右。

苏伊士运河以东的西奈半岛，位于亚洲的西南部，面积约6.4万平方千米，占埃及面积的6.38%。地中海沿岸多沙丘，北部低地是蒂赫沙漠，多间歇性河流和干涸的河床。东部为高原，卡瑟琳山海拔2637米，是埃及的最高山峰，相传是摩西受"十诫"的地方。

历 史

埃及具有悠久历史和古老文化，为世界四大文明古国之一。早在公元前3100年，由南方的美尼斯统一了上埃及和下埃及，建立第一个奴隶制王朝。这时埃及文化已趋于成熟，开始使用象形文字，开创法老专制政治。历代王朝陆续建造了一批称为世界奇迹的金字塔以及狮身人面像和大量雕像。公元前7世纪至前1世纪曾先后被亚述、波斯和罗马帝国征服。公元4到7世纪被并入拜占庭帝国。公元640年阿拉伯人侵入埃及，埃及先后沦为倭马亚和阿拔斯王朝的一个省。后阿拉伯人虽多次更朝换代，但埃及的被统治地位依旧，且接受了伊斯兰教。1517年土耳其人入侵，埃及又沦为奥斯曼帝国的行省。1798年，法国拿破仑一世入侵，统治了三年。1882年英军占领埃及，成为英国的殖民地，但名义上仍属奥斯曼帝国。第一次世界大战爆发后，英国宣布埃及为英的"保护国"。由于埃及人民的抵抗，英国于1922年2月28日宣布埃及为独立国家，但保留对国防、外交、少数民族等问题的处置权。

1952年7月23日，以纳赛尔为首的自由军官组织推翻法鲁克王朝，成立"革命指导委员会"，掌握政权。1953年6月18日宣布成立埃及共和国，M·纳吉布出任第一任总统兼总理。1954年11月，纳赛尔取代纳吉布任总统。1956年，纳赛尔宣布将苏伊士运河收归国有，并挫败英、法、以色列的联合军事干预。1958年，埃及与叙利亚合并为阿拉伯联合共和国，1961年叙利亚发生政变，阿联解体。1970年纳赛尔病逝，萨达特继任总统。1971年9月1日埃及改名为阿拉伯埃及共和国。1981年10月6日萨达特遇刺身死，穆巴拉克当选总统。穆巴拉克对原来的政策逐步调整，强调国内安定，适当开放民主，与反对党对话，同时加

知识链接

强社会治安，镇压制造恐怖活动的极端主义分子；重视发展民族经济，实行开放性政策，积极吸引外资，坚持国营和私营企业并举，注意改善人民生活；在外交方面，重点改善同阿拉伯国家的关系。1990年10月12日，议长马哈古卜遇刺身亡，穆巴拉克当日宣布解散议会，并于11月举行议会选举，民族民主党获胜，继续执政。1991年，政府提出"把国内稳定放在首位"，有限度开放民主，缓和与反对党的关系，坚决打击制造恐怖活动、暴力事件、暗杀等罪行；经济改革采取稳妥措施，注意照顾社会承受力。

※阿蒙神殿的方尖塔

尼罗河

尼罗河发源于埃塞俄比亚高原，流经布隆迪、卢旺达、坦桑尼亚、乌干达、肯尼亚、扎伊尔、苏丹和埃及九国，全长6670多千米，是非洲第一大河，也是世界上第二条最长的河流，可航行水道长约3000千米。尼罗河有两条上源河流，西源出自布隆迪群山，经非洲最大的湖——维多利亚湖向北流，被称为白尼罗河；东源出自埃塞俄比亚高原的塔纳湖，称为青尼罗河。青、白尼罗河在苏丹的喀土穆汇合，然后流入埃及。

尼罗河谷和三角洲是埃及文化的摇篮，也是世界文化的发祥地之一。尼罗河是埃及的生命线，是埃及的母亲河。尼罗河在埃及境内长度为1530千米，两岸形成3千米至16千米宽的河谷，到开罗后分成两条支流，注入地中海。这两条支流冲积形成尼罗河三角洲，面积2.4万平方千米，是埃及人口最稠密、最富饶

知识链接

的地区，人口占全国总数的96%，可耕地占全国耕地面积的2/3。埃及水源几乎全部来自尼罗河。根据尼罗河流域九国签订的协议，埃及享有河水的份额为每年555亿立方米。

开罗的尼罗河上有许多游船，其中仿法老时期船只修造的又名法老船，夜晚泛舟河上，可游览两岸旖旎的风光，又可观赏船上著名的东方舞表演。

亚历山大港

位于尼罗河三角洲西部，临地中海，面积100平方千米，人口305万，是埃及和非洲第二大城市，也是埃及和东地中海最大港口。该城建于公元前332年，因马其顿国王亚历山大大帝占领埃及而得名，是古代和中世纪名城，曾是地中海沿岸政治、经济、文化和东西方贸易中心，有诸多名胜古迹。亚历山大港风景优美，气候宜人，是埃及的"夏都"和避暑胜地，被誉为"地中海新娘"。现有棉纺织、汽车修配、石油提炼和造船等全国1/3的工业，是埃及棉花贸易大市场，全国80%至90%的进出口物资经其西港吞吐。

苏伊士运河

位于埃及东北部，扼欧、亚、非三洲交通要冲，沟通红海和地中海、大西洋和印度洋，具有重要的战略意义和经济意义。1859至1869年由法国人投资开挖，埃及有10万民工因此丧生。后英国收买了运河公司40%的股票，英法共同掌握运河经营权，掠走巨额收益。1956年，纳赛尔总统宣布运河国有化，随即爆发了英、法、以三国侵埃战争。1967至1975年因阿以战争，运河封闭停航达八年之久。1976至1985年，埃政府耗资约20亿美元进行大规模运河扩建工程，使运河的通航能力显著增强。扩建后运河长度为195千米，最大宽度为365米，主航道水深为160米至190米，最大吃水深度16米，能通过15万吨的满载油轮。近年，通过苏伊士运河的船只日平均约60艘，运河年收入近20亿美元。

高加米拉决战

亚历山大再次从埃及出发的时候,已经是公元前331年的晚春。他听说巴利斯得纳南部的萨马利亚地方又发生了叛乱,把当地的马其顿总督用火烧死了。在后方不稳的情况下,一直向前进军是十分危险的事情,因此他在镇压叛乱之后才继续北上。

他在这个时候经过正在复建中的太尔城,并且在这儿停留了两个月之久,对于一向行动积极的亚历山大而言,似乎是停留得太久了,尤其到了埃及之后又停留了半年以上,这究竟是为了什么呢?现在看来似乎仍难理解。

在伊索斯的战役中,亚历山大对他的胜利并不满意。他要的是完全的胜利,而不能白白地放过波斯王。因此他在这次的战役中下了一个很大的赌注,他一定要获得压倒性的胜利。

在波斯方面,大流士三世也下令全国总动员,做最后殊死战,他需要有较长的时间来从事部署。亚历山大也利用这段时间尽量做最周全的准备,并且要留守马其

※斯巴达战士雕像

征服者——亚历山大

顿的安提帕特罗斯派出增援部队。亚历山大迅速地将军队编制完成，加以操练。

正当亚历山大积极着手准备战役的时候，他的身后却出现了黑云。在伊索斯战役之前占优势的波斯舰队，联结希腊本土的城邦，密谋着反抗马其顿的计划，其中以斯巴达为首，响应最为热烈。斯巴达并没有参加哥林多同盟，但是在伊索斯战役后和波斯同盟的计划也因此受挫。这时的斯巴达国王奇斯三世希望能获得雅典的支持，在"恢复希腊自由"的宣言下，共同反抗马其顿的统治。

亚历山大停留在太尔城的时候，接获希腊群体反抗马其顿的消息，也正在这个时候，雅典使节来到了太尔城，他希望亚历山大能够释放雅典的人质。在这件事情上，以前曾经有人提出同样的请求，亚历山大从这件事判断雅典并没有参加斯巴达反马其顿的计划，因此他就同意释放人质和俘虏。两害相权取其轻，对亚历山大而言，释放俘虏便能增加雅典对他的感激。这只是举手之劳的顺水人情，何乐而不为呢？

这时，亚历山大的军队由于长期的等待，士兵们变得愈来愈浮躁不安，亚历山大采取以静制动的战略，暂时按兵不动，进一步做详细地观察和准备，这是最重要的一次战役，决不能掉以轻心。但是军队里兵士们的情绪却非常的不稳定，暴行和伤害的事件时有发生。

亚历山大在太尔城停留期间，第三次接见了波斯的使节。根据历史上的记载，这次是为了波斯王提出议和的要求，但是我们认为这是

知识链接

美索不达米亚文明

美索不达米亚地区广义指底格里斯与幼发拉底两河的中下游地区，东抵扎格罗斯山，西到叙利亚沙漠，南迄波斯湾，北及托罗斯山。北部为山地，向南经草原和平原到南部沼泽性的两河三角洲。狭义的仅指两河之间的地区。

美索不达米亚文明为人类最古老的文化摇篮之一，灌溉农业为其文化发展的主要基础。公元前四千年已有较发达文化，曾出现苏美尔、阿卡德、巴比伦、亚述等文明。此后又经过波斯、马其顿、罗马与奥斯曼等帝国的统治。第一次世界大战后，其主要部分成为独立的伊拉克。

不可能的，因为在伊索斯战役后的一年半以来，东方的波斯属州都发出了总动员的命令，海军的军舰均已编制就绪，大流士三世在巴比伦集合了他所有的军队准备应战。从以上的种种迹象来判断，使节这次带来的并不是议和而是宣战的信函。这种假设应该是正确的。

这个时候两军隔河对峙，亚历山大将船只联结起来成为一座桥梁，下令大军渡河。巴比伦的郡守已经来到河的对岸，但是他的任务并不是来阻止亚历山大的军队渡河，而是引导他朝巴比伦的北边行去。

大流士三世这次选择了一个对他非常有利的地点，亚历山大从一个俘虏口中获知大流士三世扎营的地方已经离他不远了。亚历山大向东南走了四天就遇到了波斯的前哨部队。第一回合的交战，亚历山大的骑兵部队把对方击败了，从俘

※现在的伊拉克山谷，亚历山大曾经在此征战

征服者——亚历山大

房的口中，亚历山大又获悉大流士三世率领的军队就在附近不远的地方扎营，彼此相距只有十千米了。这个地点在美索不达米亚平原上，据考证是古城尼尼微附近的高加米拉。距离开战的日期还有四天的时间，双方都非常慎重地准备着，亚历山大仔细地勘察了地形，再度检查作战方针以及部队的编制部署。彼此之间的空气极为紧张。

就在准备开战的前一天，亚历山大的军队忽然发生了军心动摇的情况，也许是对战争过度的紧张和恐惧，将士们甚至丧失了斗志，尤其是看到大流士三世的手下将士如云，晚上的营火漫山遍野，因此产生了怯战的心理，这种怯战的恐怖感所造成的结果是可想而知的。在大战前夕军心不稳，对亚历山大来说是一个很大的危机。他跪下来向神祈祷，请给他信心和力量，这是他第一次向神祈求，以后再没有如此做过。

巴门尼欧向亚历山大献计，他认为在开战之前给敌人一个意想不到的夜袭也许会带来较好的效果，可是亚历山大断然拒绝了。他说："攻其不备，而盗取胜利，不是堂堂正正的做法，我不希望用诡计来赢取胜利。"

亚历山大说得义正词严，冠冕堂皇。他之所以会这么说是经过一番深思熟虑的。夜袭固然会使敌军惊惶失措，可是也会造成自己内部的混乱，并不一定会带来很好的效果。因此亚历山大决定不采取这项计策。

在开战的五天之前，两方的军队都承受着过重的心理压力，充满了紧张感。这五天之中，可以说是双方的心理战争。在开战的前一天晚上，波斯王大流士三世命令他的部队全部武装起来，随时保持迎战的姿态。

一鼓作气，再而衰，三而竭，由于士兵们长期的紧张和疲惫，一旦开始作战反而无法有良好的表现。身为全军最高指挥官的大流士三世过分地患得患失，在心理上已经无法平衡。在卡乌卡美拉之战中，两军的兵额现在已经无法准确地知道。大致来说，亚历山大的军队是四万七千名左右，而波斯的军队却在六倍以上。历史上的记载也无法描写出当时战役的细节。在骑兵交战中，征尘蔽日，能见度只有四五米的距离，指挥官根本不能把握全军的战斗情况，就连局部的胜败也搞不清楚，因此战役实际的状况双方都很难掌握。

波斯军队用带有镰刀的战车攻击对方，但没有达到预期的效果，很快就败下阵来。在间不容发的一瞬间，亚历山大看到波斯军队的左翼有一个间隙，他很快就把握了这个机会，冲入敌人的阵营中，精锐部队直接杀到大流士三世的战车旁边，亚历山大以一当十，用迅雷不及掩耳的速度攻其不备。

在大流士三世身边的士兵们这时已经溃散。也许是由于过分的恐惧，大流士三世的军队不战而败，溃不成军。而亚历山大的士兵们却奋勇直前，向波斯的军队紧追不舍。在慌乱中到处可以听到伤兵的呻吟、战马的嘶鸣和鞭打坐骑的声音。

这时候，巴门尼欧指挥的左翼步兵部队却遭到了波斯骑兵部队的包围。不但如此，波斯骑兵部队还向亚历山大军队最后方的补给部队攻击。巴门尼欧并不知道亚历山大已经占了优势，他派传令兵向亚历山大求援，但在战乱中的亚历山大是不可能得到这个消息的，最后巴门尼欧独自应敌，终于支撑了下来。

亚历山大一心一意想追缉到大流士三世，他不分日夜地紧追不舍。第二天的早晨，他在一个小村落里，发现大流士三世遗留下来的东西，大流士三世本人已经向东方的山中逃逸而去。亚历山大检视他抛弃下来的物品和他平常使用的武器，以及一向所乘坐的战车，看得出他逃走时一定非常匆忙和狼狈。

※ 高加米拉就在尼尼微古城附近。图为尼尼微古城遗址

征服者——亚历山大

欢乐之都巴比伦

一直没有抓到波斯王大流士三世,亚历山大十分不甘心,到此为止,这一场生死战已经尘埃落定。大流士三世一逃走,波斯王朝已是名存实亡了。亚历山大在波斯帝国的发源地打败了波斯大军,不但达到了他政治上的目的,而且对人们心理上的影响更大。

在战后的一个星期,亚历山大挟胜利之余威,

※亚历山大进入巴比伦城

知识链接

巴比伦简介

巴比伦是世界著名古城遗址和人类文明的发祥地之一（是与古代中国、印度、埃及齐名的人类文明发祥地）。它位于伊拉克首都巴格达以南九十千米处，幼发拉底河右岸。

巴比伦王国是西亚巴比伦尼亚南部奴隶制城邦，以巴比伦城为中心。公元前19世纪中，阿摩列依人在此建国，史称古巴比伦王国（约公元前1894至前1595年）。其第六代国王汉谟拉比（约公元前1792至前1750年）先后征服其他城邦，统一两河流域，建立一个强大的中央集权制国家，成为西亚古代奴隶制国家的典型。所颁《汉谟拉比法典》是古代西亚第一部较为完备的法典，也是迄今已知世界上第一部较为完整的成文法典。巴比伦经济文化高度发展，特别是数学和天文学。汉谟拉比死后，逐渐衰弱，在公元前1595年为赫梯王国所灭。

公元前626年，闪米特族的一支迦勒底人占领巴比伦，重建新巴比伦王国（公元前626至前538年），也叫迦勒底王国。公元前612年与米堤亚联军灭亚述帝国，其疆域包括两河流域的大部、叙利亚、巴勒斯坦以至阿拉伯北部地区。公元前6世纪后半期，国势强盛。国王尼布甲尼撒二世多次发动对外战争，进行扩张。公元前586年，攻占耶路撒冷，灭犹太王国，其疆域包括两河流域大部，叙利亚和巴勒斯坦等地。以后政变屡起，国势顿衰。公元前538年为波斯所灭。

巴比伦人的成就

公元前4000年到公元前2250年是两河文明的鼎盛时期。两河沿岸因河水泛滥而积淀成肥沃土壤，史称"肥沃的新月地带"。由于两河不像尼罗河一样是定期泛滥的，所以确定时间就必须靠观测天象。住在下游的苏美尔人发明了阴历，以月亮的阴晴圆缺作为计时标准，把一年划分为12个月，共354天，并发明闰月，放置与太阳历相差的11天；把一小时分成60分，以7天为一星期；还会分数、加减乘除四则运算和解一元二次方程，发明了10进位法和16进位法。他们把圆分为360度，并知道π近似于3，甚至会计算不规则多边形的面积及一些锥体的体积。

知识链接

公元前4000年，苏美尔人最早发明了表意和指意符号的楔形文字，因为这种文字大多刻在砖石或黑色的玄武岩、泥板上，"起笔重而印痕较深"，成尖劈形，形似木楔，所以被称为楔形文字。

巴比伦建筑

古巴比伦城垣雄伟、宫殿壮丽，充分显示了古代两河流域的建筑水平。幼发拉底河自北向南纵贯全城，城内的主要建筑埃萨吉纳大庙及所属的埃特梅兰基塔庙，高达91米，基座每边长91.4米，上有7层，每层都以不同色彩的釉砖砌成，塔顶有一座用釉砖建成、供奉玛克笃克神金像的神庙。城内古建筑精华之一的"女神门"，高12米、宽近20米，门墙镶嵌着形象生动的釉彩动物图案，还有被称为世界七大奇迹的"空中花园"，引人注目的人与狮子搏斗的石刻雕像。

被列为古代世界七大奇迹之一的巴比伦"空中花园"，亦称"悬苑"，位于幼发拉底河的东岸，距伊拉克的首都巴格达南约五十千米，依偎在幼发拉底河畔。新巴比伦王国国王尼布甲尼撒二世（公元前604至前562年）曾以兴建宏伟的城市和宫殿建筑闻名于世，他在位时主持建造了这座名园。相传，他娶波斯国公主塞米拉米斯为妃。公主日夜思念花木繁茂的故土，郁郁寡欢。国王为取悦爱妃，即下令在都城巴比伦兴建了高达25米的花园。此园采用立体叠园手法，在高高的平台上，分层重叠，层层遍植奇花异草，并埋设了灌溉用的水源和水管，花园由镶嵌着许多彩色狮子的高墙环绕。王妃见后大悦。因从远处望去，此园如悬空中，故又称"空中花园"。

然而从公元前539年起，巴比伦城曾先后被波斯人、马其顿国王亚历山大和帕提亚人占领。自公元前4世纪末逐渐衰落，到公元2世纪则沦为一片废墟；当年"女神门"内庆典大道两旁的120尊石狮早已荡然无存。

率领大军进入巴比伦城。当地的郡守马萨伊欧斯率领着祭司和人民前往迎接亚历山大的东征军。巴比伦和埃及一样丝毫没有抵抗，并且对亚历山大表示欢迎。亚历山大也捐了不少钱给当地的神庙作为重建的费用。由此可见亚历山大非常尊重巴比伦的传统信仰，因此巴比伦也和埃及一样把亚历山大看作自己的解放者，而对他存有良好、深刻的印象。

亚历山大所率领的东征军在这自古以来的大都市中，停留了一个多月。这一个多月的时间算是给予将士们的慰劳假期。亚历山大赏给全体将士六个月至十个月的薪水以及特别奖金，佣兵也另发两个月的薪水，这使得将士们非常高兴，他们在巴比伦城中沉醉于轻歌曼舞、纸醉金迷之中。他们充满了优越感，恣意地在这"欢乐之都"尽情地享受。

当初亚历山大曾经要求本国调派增援部队，结果在大战之后援兵仍没有到达。因为希腊本土受到斯巴达叛乱的威胁，只好将大军停留在马其顿予以镇压。一直到斯巴达的国王战死，马其顿方面才派出增援部队。当亚历山大的大军正在巴比伦休养生息的时候，总数共有一万五千名的增援部队已经上路了。当亚历山大的军队离开巴比伦时，增援部队从后面尾追而来。

亚历山大在巴比伦将当地的一切行政责任委托给原来的郡守马萨伊欧斯全权处理，并遵循旧日波斯支配下的行政系统，仍由原来的官吏主管当地的事务，这个政策是亚历山大的一项新尝试，也是"亚历山大帝国"得以屹立的一个主要关键。

亚历山大首次以东方的行政长官来管理当地的事务，以后对东方的各州郡也是采取同样的方法。这种东西协调政策正是亚历山大的理想。但是在他征服的过程中尚未能完全实现，这只是他第一次打算实现他的理想而开始进行的一项试验。

亚历山大以报复一百年前的希波战争为口号，而实行侵略之实，现在波斯帝国的王城已经近在眼前了。在过去，希腊的使节们、旅行者、商人们到达波斯帝国最远都不超过王城。王城以东的地区对外国人来说是足迹罕至的地方，那儿的政治实权都落在当地的豪族手中，波斯帝国一向采取怀柔政策，恩威并施，因此能够强化国家的力量。但是在王城以东的地区，地方土著势力非常之大，亚历山大不能以过去的理由来征讨这个地区。当地的人民非常憎恨亚历山大，认为他是一个野心勃勃的侵略者，扰乱了他们平静的生活，因此他们称亚历山大为"侵略者亚历山大"。

征服者——**亚历山大**

进军印度

对亚历山大来说，印度是一片未知的土地。是什么动机使他那么渴望征服印度呢？在巴克多利亚和索克得亚纳的苦战后，亚历山大沿着欧克斯士河顺流而下，到达阿拉伯海的东边。这时他会见了波拉斯尼亚王的使节，那位使节曾劝他征服黑海附近的地区，可是他没有答应。拒绝的理由是他即将进攻印度。但是以一个希腊人来说，当时对印度的知识可说是极为贫乏。波斯王提罗斯二世曾经征服了印度的北方，使当地成为波斯帝国的一个省。公元前6世纪末，大流士一世派了迦利亚人花了许多时间去探查当地的地理环境，这个调查记录一直遗留至今。

尽管如此，亚历山大还是实行他的进攻计划，虽然他对印度的地理知识非常粗浅，但是这次他仍然打算越过兴都库什山。

印度这个国家北面是高山峻岭，东面和南面是一望无际的海洋。当时，亚历山大听人说，站在兴都库什山的山岭上可以望见印度东边的海洋，这种

※印度也是一个古老的国度

说法和实际情形相差得十分离谱。但是亚历山大进攻的地图仍然是根据这种幼稚观念画出来的。他们完全不知道高山和大海之间有一片十分广大的塔萨斯平原,当他们看到实际的情况和他们料想的情况相差极远的时候,士兵们一个个都害怕了起来。

亚历山大进攻印度,再次展开了远征,这一切的发展似乎是在意料之中。整个远征的过程一环连着一环,似乎有互相关联的因素。

亚历山大曾经为了报复而东征波斯,对波斯王大流士三世穷追不舍,后来大流士三世被他的手下贝索斯所杀,他又为了要惩罚这个不忠不义的叛臣,不辞劳苦地越过高山、沙漠,不达目的绝不罢休。亚历山大到达伊朗东北边境时,发现那些半独立的民族个性都非常强悍,致使亚历山大遭遇到顽强抵抗。一个又一个的原因使得亚历山大的军队几乎踏遍了小亚细亚、埃及以及波斯中部和东部,东征就是在这种情况下展开的连锁战争。但是东征到这里应该是结束的时候了,亚历山大曾划下以耶克萨得斯河为东征最北的界限。

进入印度必须越过自古以来就被称为印度的门户,也是从波斯东部巴克多利亚边境一带进入印度的门户——开伯尔山口。亚历山大考虑到伊朗方面的安定问题,认为有必要先去平定印度,以免印度犯边。因此他就率领着大军进攻印度西北,也许这就是他远征印度的出发点吧。但亚历山大这项新的远征计划真的只是消极地防御印度对波斯的进攻吗?恐怕也不尽然。

亚历山大的军队中,过去从马其顿本国带来的增援部队到现在所剩无几,后来又补充了大量的希腊佣兵,被派驻留在巴克多利亚和索克得亚纳的地方。目前,领先进攻印度的大军总数有五万人之多,但其中的百分之三十都是东方人,他们被单独编成以骑兵为主的部队。

至于军队的指挥权也有极大变化。在东征开始的时候,巴门尼欧把持军权,重要的职位多半由他的亲戚朋友出任。在费罗塔斯的阴谋事件发生以后,巴门尼欧在军中的势力一落千丈,代之而起的是亚历山大所主张的东西方协调路线而再编成的新的军队,这支新军队将执行新任务,那就是进攻印度。这一连串的"军事改革"之后,亚历山大总算有了属于自己的军队,现在的主要将领完全是亚历山大栽培出来的,而不再是巴门尼欧的子弟兵。亚历山大率领着这支"自己的军队",将要向更大的目标进行挑

征服者——亚历山大

※巴比伦古城遗迹

战，这就是征服印度。

在亚历山大的观念中，印度是这个世界上最偏远的一个国度。他希望能再向东到达那个未知的土地，成为当地的征服者，他非常希望能看到印度边境世界尽头的海洋。亚历山大一心一意想踏入印度这块土地，他有着难以抑制的冲动。远征印度在性质上和过去不一样，其动机并不是为了报复，也不是为了扩张领土，而是由于亚历山大个人的冲动，他希望能够实现自己的梦想，希望能突破自己，成就前无古人、后无来者的伟大事业。对亚历山大来说，他希望实现奥德修斯的愿望，实现人间最高的荣誉，永远与日月同辉，这才是驱使他率领着大军走向天涯尽头的真正动机。

公元前327年6月，亚历山大率领大军再一次越过了兴都库什山脉，到达山脉以南的地方，那是在

※中亚的兴都库什山脉

几年以前建立的山中殖民都市。大军在这儿无所事事地过了一个夏天，因为这个时候进攻印度并不适当。此外，他们还要为作战准备武器装备及军需物资，要跟当地的居民和睦相处，在战争开始以前搜集一些必要的情报。

到了秋天，亚历山大分兵两路行军，他自己则率领着一支军队，通过海拔一千一百米的开伯尔山口，进入了贝厦维尔平原。当先头部队通过印度河之后，在河上以小船做桥，让后面的部队陆续通过。亚历山大率领的是一支最精锐的部队，他进入了斯维特高地，并且平定了叛乱。因为这是一条走廊地带，如果不能完全平定，远征军很可能会被孤立。6月的时候，亚历山大彻底地把斯维特的反抗力量予以铲除，确保印度和波斯东部的稳定，这对该地区具有非常重要的战略价值。

斯维特的地形非常复杂，这块高地的居民们对亚历山大的大军进行强烈地反抗，经过一番苦战总算是平定了该地，但是许多高级指挥官都受了伤，因此亚历山大对当地激烈反抗的居民们进行大肆屠杀作为报复。

这可以说是一个非常特别的战争形态。以马萨卡这个地方为例，

他们拥有七千名兵士和亚历山大对峙。亚历山大的军队在山上行军异常困难，何况还要携带笨重的攻城兵器去攻打敌人，他们攀上云梯却受到敌人猛烈地反击，因而失败了。亚历山大本身也受了伤而不得不命令军队后退。经过几天的休战后，亚历山大运用计谋，最后才把马萨卡城攻下来。

这一次战役，亚历山大确实耗费了不少的力气，当地称作"亚欧诺斯的要塞"被形容为连鸟都飞不到的地方，但是希腊人还是攀上了如此险峻的高山，在深山绝谷中和敌人展开激烈的战斗。向南望去是印度河冲积成的贝厦维尔平原，这里在战略上是非常重要的地段。在这要塞中有丰富的水源，靠近山顶也有很丰富的物产，当地居民曾经

※古老的印度文明是吸引亚历山大的重要原因

征服者——亚历山大

夸口说，即使被围好几个月粮食也不会匮乏。

亚历山大觉得要攻下这座要塞，从正面去进攻是绝对不可能的，因为笨重的攻城武器不能像平常一样携带到这高山绝顶之上，尤其是下面有深不可测的山谷，形势实在险要，确实是易守难攻。但是如果能从要塞的北面绕过去攻打也许有一丝希望。因此亚历山大决定翻越另一座山，以便到达这座山的要塞。最后，他们布好阵营，把带来的兵器安置在最理想的地方，并且在山上修筑栈道，克服了许多天然的阻碍，使战局能够顺利地进行。敌军见亚历山大竟然不畏艰难，充满了战斗的决心，不由得心惊胆战，士气瓦解，最后只好放弃要塞，不战而降。

这可以说是整个东征过程中最大的一次山地战。但是历史上所叙述的这个地方，究竟是现在的什么地方呢？1926年，英国的考古学家曾经到印度去进行调查，根据种种的考据，他们相信在塔尔河与印度河的交汇点，东北八十千米处有一个被称为"圣者的峰"，就是当时山地战的地方。这种推论获得学术界的一致承认。

平定了斯维特之后，公元前327年到翌年冬天，亚历山大的部队渡过了印度河，到达对岸一个叫作塔克厦的地方。这里的国王名叫泰克西里斯，他对亚历山大的态度非常友好，使亚历山大和他的军队受到意想不到的欢迎和款待。

亚历山大和他的军队在这儿看到许多从未想象过的印度人的生活、习俗、战备和社会制度，也因此留下深刻的印象。亚历山大称这个城市为"裸体的哲人"的城市。他曾去访问那些最负盛名的印度哲人并和他们相会，我们现在从他们的断简残篇的谈话记录中犹可想象当时的情景。

两年之后，亚历山大回返斯萨时，就曾带着当地的哲学家一起回去，他希望东西方思想能够互相交流，从而燃起新的文明火花。

据说，泰克西里斯国王的领土非常肥沃，国王本身深具智慧。他第一次看到亚历山大时就对亚历山大说："如果你来这里并不是要强取我的水和粮食，那么我们为什么要作战呢？如果我的财富比你多，我愿意和你共享；如果你的财富比我多，我也愿意接受你的馈赠。"

泰克西里斯国王的这一番话令亚历山大非常高兴，亚历山大对他说："我知道你是一位仁慈慷慨的国王，但是我绝不希望你在慷慨方面胜过我。"

于是亚历山大接受了泰克西里斯国王的馈赠，也回送他许多更珍贵的东西。亚历山大很大方地赠送给泰克西里斯国王一千波伦的钱币。亚历山大的许多老朋友为此感到不悦，但是亚历山大赢得了当地居民的许多友情。

亚历山大的军队在塔克厦停留了一个多月，享受当地人民热情的款待，就像在五年以前进入巴比伦时所受到的欢迎一样。当年进入波斯东部的时候，迎接他们的是一连串激烈的战争，在斯维特曾经有过一番苦战，如今在这水草丰美的地方过着和平的生活，怎不令人流连忘返！但是亚历山大的部下冷嘲热讽地说："我们的大王不远千里到达印度，就是为了花一千波伦去结交这样的一个朋友。"这些充满了优越感的士兵对亚历山大的做法深为反感。在塔克厦过了一个月舒适的生活，亚历山大却没有忘记作战的准备，他不停地搜集当地的各种情报，获知这一带的土著们相互间向来无法和平相处，因此他认为要将其各个击破并不困难。

塔克厦国王和波拉斯国王之间素有嫌隙，彼此世代为仇。当亚历山大要求波拉斯国王对他纳贡及迎接时，对方一口回绝，波拉斯国王毫不犹疑地要和亚历山大对抗到底。

这时，亚历山大和波拉斯国王隔着海达斯比河对阵。亚历山大故意在自己的军营里发出很大的声音，让那些土著们以为他的军队通常都是如此的。

就兵力而言，亚历山大这一边占优势，可是对方有一项非常可怕的"武器"，那就是波拉斯在最前线布置了二百头大象，使亚历山大的骑兵部队在这些庞然巨物面前根本没有办法发挥威力。同时，希腊的马匹从来没有见过这么大的动物，因而恐惧不已，顿时陷入了一片混乱中。

亚历山大打算按兵不动，因为迅速渡河对自己不利。在一个暴风雨的晚上，他率领了二分之一的军队，其中包括一部分步兵和骑兵部

※大象在古代印度是战争利器

征服者——亚历山大

※ 亚历山大领军大战波拉斯王的军队

队的精锐部分,到达了和敌军相距很近的一个岛上。当时大雨倾盆而且雷电交加,但是亚历山大还是毅然决然地从小岛出发。海达斯比河的水位愈来愈高,而且水流湍急,谁都看得出来这个时候渡河是非常危险的一件事。

亚历山大涉过深及腰部的河水,率领着他的步兵在急流中前进。

亚历山大心里已经有了准备,如果敌军是以骑兵向他进攻,他将有绝对的把握;如果是以步兵进攻,他的步兵也可以及时赶到。结果正如他所料,对方先派了一千名骑兵,亚历山大完全战胜了对方,当场把对方的四百名骑兵歼灭。波拉斯率领着大部分将士向亚历山大进攻,留下一小部分拦阻其他的马其顿军队渡河。这时,亚历山大把队形分为两路,将敌军两边都击退,使对方不得不向后退却。

亚历山大的将士们将目标对准骑在大象背上的士兵,步兵们则拼命地砍大象的脚,使大象发疯似的乱窜乱跑,对方很快便陷入混乱。波拉斯王身负重伤而被俘,但他真不愧是位王者,在被俘的时候仍保持着国王的尊严,毫不慌乱。

当亚历山大问他希望受到怎样的待遇的时候,他从容地回答说:"就像一个国王一样。"亚历山大再次问他还有没有其他的要求,他说:"就只有这一点。"

亚历山大不但没有杀他,反而让他以总督的名义继续统治他的国家。这就是亚历山大为了安抚被征服的地区所采取的宽大的政治措施。他必须维持当地势力的均衡,为了长治久安,他唯有尊重旧有的统治者。

波拉斯战役胜利之后,亚历山大在当地王城逗留了一个多月之久。他没有按照计划继续前进,而是拖延了下去。当地每年的6月中旬就开始进入雨季,雨季即将来临,要横越印度河三大主要支流将很困难。尽管许多人好意相劝,亚历山大却始终不为所动。

※印度河

雨季愈来愈迫近了，亚历山大却没有出发的准备，这究竟是为什么呢？过去他的大军曾经越过险峻的高山和炎热如火的沙漠，对亚历山大来说，雨季又算得了什么？

经过了种种的考验，亚历山大对自己愈来愈有自信，他对任何的艰难险阻都不再畏惧。但是这并不是真正的原因。很可能是因为他手下的将士们已经没有前进的斗志，军队中士气低落。长期的战斗，翻山越岭，加上印度的天气更使他们水土不服，他们急需休整，不想再行军了。

为了提高士气，亚历山大集合了所有的军队，向士兵夸耀印度是如何的富庶，无数的珍珠、黄金、象牙、宝石正等着他们去拿，只要他们愿意出发，将来想要多少就可以带回去多少。亚历山大以物质的诱惑来提高士气，由此可见，当时军队里的士气是多么低沉了。

再往西走将经过几条大河，

正当雨季的时候，河水暴涨，波涛汹涌，甚至山洪暴发，洪水淹没了房屋，许多毒蛇爬了出来，将士们简直没有办法安眠，整个晚上都提心吊胆。渡河的时候，虽然不乏船只，但是由于水流湍急，有不少将士被冲到浪涛滚滚的河水中。亚历山大还没有与敌人交锋就必须与河水决一死战了。

亚历山大军队的士兵，由于长期的艰苦作战和与无情的天气搏斗，忍受着冰冻、干旱、燥热、雨季和洪水等等所带来的折磨，因而都感到疲惫不堪。在渡过第四条河的时候，亚历山大的军队遭到当地塔卡伊欧人强烈的抵抗。这场战斗，亚历山大的将士受伤的不少，事后，他们大肆屠杀，以示报复。据正史记载，亚历山大军队的死亡人数高达一千二百人之多，大部分被毒箭射死。虽然如此，亚历山大仍命令兵士们继续前进。

亚历山大一心追求着胜利的光荣，但是对将士们来说，当初他们梦寐以求的印度的金银财宝此刻已不重要，目前所想要的就是明媚的阳光、清澄的天空、干燥的大地、丰富的食物以及充足的睡眠。疲劳、洪水、下个不停的大雨使他们精疲力竭，他们像机器一样一步步往前走，他们对印度的梦想早已飘

征服者——亚历山大

远了。

在将渡第五条河的时候,亚历山大搜集到了更多的情报,得知此后要越过一片沙漠,需要十二天的行程。前面即将到达的是卡利塔伊族所建立的国家。

这时,马其顿军队的勇气已到了强弩之末,他们不愿意再深入印度国境,因为在波拉斯战役中,虽然把敌军击败了,但是胜利的代价很大。当亚历山大命令他们渡过第五条河——恒河的时候,他们都非常不愿意;尤其对岸的敌军是极为勇猛的格兰达里特人和普雷西人,他们拥有步、骑兵二十万人,大象四千头,这个阵容实在令亚历山大的将士们感到胆怯。

将士们听到亚历山大仍命令他们继续前进的消息时,一个个都惊讶得说不出话来。他们已经离家太久、太远了!他们不知道亚历山大最终的目标究竟在哪里。

※恒河阻断了亚历山大对印度的进攻

在极端的疲劳、恐怖、绝望之下，他们不禁反躬自问，自己究竟为何而战?究竟所为何来?付出这么大的代价所得到的是什么?亚历山大知道了这种情况后，便向大家宣布说，以后征服了一个地区，他允许兵士们随意掠夺当地居民的财产。尽管如此，仍然无法提高军队的士气。将士们一个个都病恹恹的，显然，亚历山大的这一套办法丝毫不能奏效。

当时，将士们私下开了许多次会议，有一些强硬派甚至甘犯大不韪，主张坚拒亚历山大再度进军的命令。

亚历山大对于部下不肯服从命令深感愤怒，他对将士们说道："你们怕什么?你们难道已经忘记过去的荣耀了吗?人活着就是要追求荣耀，我们是为荣耀而生，也将为荣耀而死。唯有征服了全亚洲才是我们凯旋的时候。我和各位历经了千辛万苦，希望不要功亏一篑。如果你们不肯渡过恒河，那么我对你们过去的一切功劳都毫不感激。你们现在退缩就是承认自己的失败。"

亚历山大尽量想说服将士们，他最大的目的就是能够到达印度洋，获得世界最高的荣誉。他一心一意追求这个目标，对万里之外的家乡毫不思念。

亚历山大讲完了这段话后，没有响起如往常一样的如雷掌声和高声欢呼，他所面对的只是一片沉默，全场鸦雀无声。就在这个时候，深获亚历山大信任的骑兵指挥官克伊诺斯站了起来，他以低沉稳定的声音勇敢地把将士们内心的话向亚历山大表露出来。

他说："我现在说出这些话，并不是想迎合在场的弟兄们，而是为大王设想。我们不想进军并不是因为怯懦，过去追随大王出生入死留下了许多光荣的记录。当初和我们一起从家乡出来的战友们大部分都已战死异域，有的则留守在亚洲各处，现在还能在一起的已经是少之又少了。我们知道每一场战争都有极大的危险，但是我们有铁一般的意志，不屈不挠，在大王的统率下勇往直前。然而长年在外，离家万里，将士们难免会思念留在家乡的妻子儿女以及父母兄弟。希望大王能返回希腊重新编组军队，然后再行远征。年轻的将士们一定非常乐意追随大王到他们没有见过的地方去的，请大王裁夺。"

征服者——亚历山大

壮志未酬

艾克巴塔那是位于海拔2800米的高燥地带，这和气候非常酷热的巴比伦不同。老兵们一一被遣返归国后，欧比斯的气氛就变得非常闲散，亚历山大住在萨克罗斯山中的一个避暑胜地，这原来是波斯王的夏宫。当时已经进入初秋的季节，春天和夏天曾经发生了不少的事情，这个时候正好可以休息轻松一下，并且规划来年新的探险准备。

亚历山大一直希望探究海洋的秘密和世界的尽头，他的幕僚们利用这段时间制订了蓝图。自从大流士三世死了之后，亚历山大最大的愿望就是去瞭望东南方的大海，如果那是世界的尽头，那就再没有土地可征服了。他命令将士们从森林中砍伐树木，建造大船。他需要成立一个舰队从事航海调查的任务，他选择了老练能干的贝拉克力伊德斯。这

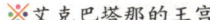
※艾克巴塔那的王宫

※通天巴别塔

个人曾经和纳亚鲁克斯有共同航海的经验,因此被亚历山大选中了。

亚历山大又开始热衷进行他另外一项大规模的远征计划,那就是由海陆双管齐下,从阿拉伯到地中海,再越过红海,然后经阿拉伯半岛的航路。

阿拉伯半岛的东南方正是从波斯到印度的终点,是从地中海到阿拉伯海所必经的区域,也通往香料的产地,对欧洲人来说具有极大的诱惑力。从阿拉伯到香料产地非常方便,因此他们习惯称阿拉伯为"幸福的阿拉伯"。由此可见欧洲人对那里是多么向往了。

基于这个原因,阿拉伯半岛也深深地根植在亚历山大的心中,成为他梦寐以求的探险对象。前一年,亚历山大听了纳亚鲁克斯的航海报告,从此经常在艾克巴塔那的王宫中热烈地讨论未来的航海计划,希望能够大展宏图。对亚历山大而言,这是一个色彩缤纷的梦,他不停地幻想着这项航海探险的新

征服者——亚历山大

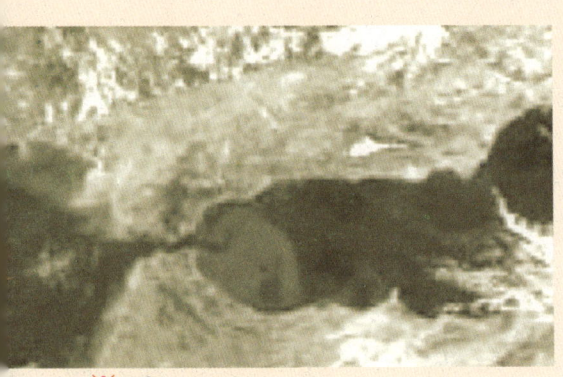
※赫库里斯之柱

计划。

从印度回来的途中，亚历山大一直没有回过巴比伦。巴比伦是波斯王室传统的冬官所在地。亚历山大在八年前指示巴比伦修护神殿，并且监督各项重建工程。当时他发现，在巴比伦的许多神职人员挪用公款中饱私囊，为此他非常生气。

这个称为"神之都"的巴比伦，在亚历山大不在的时候，可以说是作恶多端，违背了亚历山大的心意。直到当年的春天，亚历山大再度要求开展神殿的修护工程时，才开始大兴土木。

公元前323年的春天，在幼发拉底河的河口，亚历山大命令那些无所事事的人和退伍的希腊佣兵都要参加建设工程，因而使他们的生活能够安定下来。另外为了开发到印度的航路，曾经沿着波斯湾建立了许多殖民都市，这些都是亚历山大

知识链接

赫库里斯之柱

赫库里斯之柱，就是现在的直布罗陀海峡，它是连接地中海和大西洋的重要门户，位于西班牙伊比利亚半岛最南部和非洲西北角之间，北岸为西班牙的直布罗陀（现被英国占领），南岸为摩洛哥。全长约九十千米。两岸山势雄伟，景色优美。沿岸有直布罗陀、阿耳赫西拉斯和休达等港口。

直布罗陀海峡西宽东窄，最窄处的西班牙的马罗基罗和摩洛哥的西雷斯角之间仅13千米。海峡东端介于直布罗陀市和阿尔霍山之间；中段介于马罗基罗和西雷斯之间，宽22千米；其西面入峡处最宽，介于特拉法尔加角和斯帕特尔之间，宽43千米。东深西浅，最浅处水深301米，最深处水深1181米，平均深度约375米。

计划中的事。

亚历山大准备在初夏的时候开始远航阿拉伯。他将率领庞大的舰队驶出幼发拉底河，然后经过阿拉伯绕过赫库里斯之柱（现在的直布罗陀海峡）而进入地中海。他下

※巴比伦遗址

令泰普萨卡斯建造船只,并且四处网罗水手和领航人员。以巴比伦为基地,并把巴比伦建设为可以停泊一千艘船只的大港。

这项计划一旦决定就立即开始执行。前年,他派出四组探险队到阿拉伯半岛,可是都没有成功。但是从这次的航海报告来判断,仍然有极大的成功可能。

大流士三世的陵墓是亚历山大亲自选定的地点,这是一座高达一百八十米,共有七层的宏伟建筑,花费了很多的时间去烧砖制瓦。可是巴比伦附近都是冲积地层,缺乏石材,最后不得已,只好将巴比伦有名的城墙拆除,把那些材料用来建造陵墓。亚历山大为什么会急着做这件事呢?或许是他从巴比伦回来之后,总感到四周有许多不吉利的征兆,对自己的命运也有不祥的预感。这样,他需要安慰已死的大流士三世。

在公元前323年5月末的时候,阿拉伯的远征已经完全准备妥当,修建扩增之后的巴比伦港已经面目一新,和过去大不相同。亚历山大命人制造新型船只,并且亲自指挥舰队。他预定6月4日出发,10月到

征服者——亚历山大

达亚丁湾头，然后乘着东北季风进入红海，最后到达当时所称的"赫库里斯之柱"——直布罗陀海峡。他相信这项计划有可行性，他要尽可能地实现自己的梦想。

亚历山大对事情的考虑都能做合理的判断，他的梦想也绝不会离开现实的范围。可是，在另外一方面，他受到母亲很深的影响，他非常相信许多超自然的力量，他的宫廷里有很多预言者和祭司们供他预卜凶吉。

5月29日那天，亚历山大接受了赫斐斯钦的神论之后，就抛开了一切烦恼，和好友们一起喝酒欢乐。

这位征服亚细亚的大帝，抛却了繁文缛节的宫廷礼仪，亲密而毫无顾忌地和部下们相处在一起。他们回想着和大流士三世的伊索斯战役、在索罗斯攻城战中险遭败北、"贝鲁厦门"的苦战以及不停地追击大流士三世等等的往事。

他曾经率领将士们越过白雪皑皑的兴都库什山脉和酷热难耐的沙漠，以及在高山峻岭中的苦战，甚至远征印度，到达欧洲人从来没有梦想过的土地。一幕幕的往事历历在目，亚历山大和他同生共死的部下们提起这些辉煌往事，内心有说不尽的感慨！

夜色已残，醉意更浓，亚历山大准备回房休息了，可是又禁不住密迪亚斯的请求，继续宴饮作乐。他整夜狂饮，第二天又喝了一整天的酒，到了6月1日那天，他发觉自己患了热病，也就是恶性疟病。

《宫廷日志》对他发病以后的情况有详细记载，并且流传了下来。他生病的这几天，不停地召唤纳亚鲁克斯到他的病床前，叫纳亚鲁克斯讲述航海的情形和在海上所看到的种种。同时，他把纳亚鲁克斯手下的许多舰队的重要将领也都一一召来，给予详细的指示。他和军官们商量如何选拔适当的人选来补充军中空出的职位。

亚历山大被迁往河对岸的王宫，热度仍然未退。八天过去了，

※被称为埃及艳后的克丽奥佩特拉是由亚历山大帝国分裂出去的托勒密王朝的最后一位统治者

他的病情愈来愈恶化，整个宫中是一片死寂的气氛，隐藏着极大的不安。将士们希望见亚历山大最后一面，他们吵吵嚷嚷地拥到王宫门口，要求高级官员让他们见一见"我们的王"。

这时的亚历山大已经不能说话。将士们一个个鱼贯而入，从他的病床旁经过。亚历山大虽然不能说话，但是他用眼睛向将士们一一致意，一切尽在不言中。将士们的眼神中表示出对亚历山大的敬慕和爱戴，这是最后的生离死别了。

公元前323年6月10日的傍晚，叱咤一时的亚历山大与世长辞了。

亚历山大去世后，部将们为继承人问题展开了二十多年的争执。他建立的庞大的亚历山大帝国分裂成四个部分。除了马其顿本土和最远的印度以外，亚洲部分由部将叙拉古继承，这就是后世和罗马帝国庞培、克拉苏等人征战不休的叙拉古帝国。埃及部分由部将托勒密继承，这就是埃及的托勒密王朝，直传到后世和凯撒结婚的埃及艳后克丽奥佩特拉为止。这样，最终形成了马其顿、叙拉古、埃及三足鼎立的局面。三个国家都走上了基本相同，但各有特色的发展道路。